本书的出版得到国家自然科学基金青年项目（72202145）的资助

DIGITAL TRANSFORMATION

数字化转型
促进企业创新的多维机制

徐展 ◎ 著

首都经济贸易大学出版社
Capital University of Economics and Business Press
·北京·

图书在版编目（CIP）数据

数字化转型促进企业创新的多维机制 / 徐展著.
北京 ：首都经济贸易大学出版社, 2025. 5. -- ISBN 978-7-5638-3857-8

Ⅰ.F279.23

中国国家版本馆 CIP 数据核字第 2025X3X774 号

数字化转型促进企业创新的多维机制
SHUZIHUA ZHUANXING CUJIN QIYE CHUANGXIN DE DUOWEI JIZHI
徐　展　著

责任编辑	胡　兰
封面设计	砚祥志远·激光照排　TEL:010-65976003
出版发行	首都经济贸易大学出版社
地　　址	北京市朝阳区红庙（邮编100026）
电　　话	（010）65976483　65065761　65071505（传真）
网　　址	https://sjmcb.cueb.edu.cn
经　　销	全国新华书店
照　　排	北京砚祥志远激光照排技术有限公司
印　　刷	北京建宏印刷有限公司
成品尺寸	170 毫米×240 毫米　1/16
字　　数	194 千字
印　　张	13.5
版　　次	2025 年 5 月第 1 版
印　　次	2025 年 5 月第 1 次印刷
书　　号	ISBN 978-7-5638-3857-8
定　　价	62.00 元

图书印装若有质量问题，本社负责调换
版权所有　侵权必究

前　　言

　　数据是"数字石油",是企业重要的生产要素。党的十九大报告指出,"要推动互联网、大数据、人工智能等数字化技术和实体经济深度融合"。为此,我国加快了数字化转型的步伐,形成了多维度的数字化环境。其中,金融数字化环境和媒体数字化环境是外部环境数字化的典型代表:我国的数字金融指数均值由2011年的48上涨到了2018年的270,新媒体规模由2013年的22.9亿元上涨到了2018年的876.1亿元,并诞生了一批通过智能识别用户喜好完成精准信息推送的独角兽企业。内部环境方面,企业年报提到数字化的频率从2011年的11 929次上涨到了2019年的123 718次,提到数字化的企业由2011年的171家上涨到了2019年的1 362家。

　　与数字化的蓬勃发展不同,企业创新似乎遇到了瓶颈。尽管企业每年的创新投入总额在不断增加,但创新投入增长率却在下降,这可能是创新产出效率下降所导致的。因此,我们迫切需要探求引领企业提高创新效率、进一步推动企业创新的新动能。

　　创新效率的下降,一方面是由于创新成本的上升,另一方面则是由于创新收入的降低,而数字技术的融入能从成本和收入两端解决企业创新中的痛点。在创新成本方面,企业层面的数字化转型有助于实现生产、物流、仓储、销售等各个环节的降本增效。数字技术可以提升产品制造过程中的自动化智能水平,降低研发成本和制造成本。宏观环境层面的数字化转型则有助于政府资源(如金融资源、政府补贴等)的精准投放,使资金流到真正有能力有意愿创新的企业,降低这些企业的资金成本以及与政府监管过程中的沟通成本。在创新产出方面，企业数字化转型使之得以依托互联网平台实现产销结合，灵活供需，弹性对接，其销售行为将不再受地域、时间甚至语言的限制，从而显著扩宽销售渠道和提高收益。同时，这种直面客户的销售方式能精准了解客户的需求，降低与客户之间的信息不对称程度，使企业研发的产品更具有市场针对性，市场占有率更高，进而促进创新产出。

据此，本书采用大数据实证研究法，研究数字化对企业创新的影响，分析数字化转型促进企业创新的作用机制。

影响创新的因素可分为内部因素和外部因素。

在内部因素方面，本书重点研究了企业内部的数字化转型对企业创新的影响。研究发现，首先，企业数字化转型能降低权益融资成本，降低债务违约风险，为企业创新提供资金支持。其次，企业数字化转型能获得大量内部和外部信息，助力企业精准创新决策，整合创新资源，进而直接促进企业的创新投入和创新产出。最后，伴随企业的数字化转型，企业向政府监管部门提供的信息也更多、更可靠，能提高企业违规被发现的概率，从而抑制企业的违规意愿，规范企业行为。良好形象的树立将使企业长期获得市场信任，从而为其持续创新打下坚实的基础。

在外部因素方面，本书重点研究宏观环境的数字化对企业创新的影响。研究表明，首先，区域数字水平的提高能显著缓解企业的融资约束，进而缓解企业创新的资金压力。其次，政务数字化将显著抑制企业寻租行为，提高政府资源配置效率，使真正有能力有需求的企业获得政府补贴，进而促进企业的创新投入。最后，金融数字化能降低家庭经济压力，提高社会生育率。这一方面为企业创新提供了持续的市场需求，另一方面为企业创新提供了人才基础。

综上所述，本书的研究结论证明，多维度的数字化环境对企业持续的、高效的创新有良好的支持作用。

目 录
CONTENTS

第一章　绪论 / 1
　　第一节　研究背景与研究意义 / 1
　　第二节　理论依据与研究现状 / 4
　　第三节　研究内容 / 13
　　第四节　研究目标、方法与步骤 / 45

第二章　企业数字化转型与创新 / 47
　　第一节　数字化转型与权益资本成本 / 47
　　第二节　数字化转型与债务违约 / 64
　　第三节　数字化转型与企业创新 / 75
　　第四节　数字化转型与企业违规 / 88

第三章　环境数字化转型与创新 / 112
　　第一节　区域数字化与融资约束 / 112
　　第二节　政务数字化与创新投入 / 128
　　第三节　数字金融与人口出生率 / 148

第四章　结语 / 166
　　第一节　结论 / 166
　　第二节　政策启示 / 167

参考文献 / 169

第一章　绪　论

第一节　研究背景与研究意义

一、研究背景

1. 企业创新现状与瓶颈

自 2016 年《国家创新驱动发展战略纲要》实施以来,"万众创新"的热情空前高涨,企业作为创新的排头兵交出了亮眼答卷。据相关统计,我国企业专利申请数量由 2016 年的 43 931 项上涨到了 2019 年的 72 457 项,研发(R&D)投入由 2016 年的 320 亿元上涨到了 2019 年的 7 000 亿元。尽管创新的规模在不断扩大,但创新的增速和产出却不尽如人意。数据表明,创新投入增长率不断下滑,创新投入与企业收入的比例从 18% 下降到了 11%,说明其创新效率在不断下降。长此以往,企业创新的积极性必将受到打击。因此,如何提高创新效率,使创新投入更精准、产出更充分,是理论界和实务界共同关心的话题。

2. 数字化的概念与内涵

数字化是将人们所生活的真实世界同虚拟的数字表达连接起来,从而寻求发展的全新商业模式。数字化转型基于数字化技术的出现与发展,对传统企业提出了将原有业务与数字化技术结合，以实现企业业绩增长与持续发展的变革。

数字化转型是企业战略层面的概念，它并不是追求眼前效益的所谓"机灵战术"。其本质是通过数据技术和数学算法显性切入业务流，形成智能化闭环，使企业的整个生产经营过程可度量、可追溯、可预测、可传承，从而重构质量、效率、成本等核心竞争力。企业数字化分为内部运营管理数字化、外部商业模式数字化和行业平台生态数字化这三大部分。相应地，在技术层面就是要实现系统的内部垂直集成、外部横向集成以及生态端到端集成。

3. 企业运用数字技术的现状

在"工业4.0"时代，物联网和服务联网将渗透到工业的各个环节，形成高度灵活、个性化、智能化的产品与服务的生产模式，推动生产方式向大规模定制、服务型制造、创新驱动转变。

首先，从大规模生产向个性化定制转型。企业数字化给生产过程带来了极大的自由度与灵活性，通过在设计、供应链、制造、物流、服务等各个环节植入用户参与界面，新的生产体系能够实现针对每位客户进行不同的产品设计、零部件采购、安排生产计划、实施制造加工、物流配送，甚至可以实现个性化的单件制造。在这一过程中，用户由部分参与向全程参与转变，用户不仅出现在生产流程的两端，而且广泛、实时参与生产和价值创造的全过程。

其次，从生产型制造向服务型制造转型。服务型制造是工业4.0理念中工业未来转型的重要方向。越来越多的制造型企业将围绕产品全生命周期的各个环节不断融入能够带来市场价值的增值服务，以实现从传统的提供制造业产品向提供融入大量服务要素的产品与服务组合转变。

可见，通过数字化转型，企业的劳动生产率将大幅提高，产品创新速度将大大加快，企业核心竞争力也将显著增强。从行业来看，通过数字化转型可以建立起高度协作的创新服务体系，提高整个行业的资源配置和运行效率。从政府来看，可通过数字化转型进一步巩固制造业优势，抢占新一轮产业竞争的制高点。

二、研究意义

1. 学术价值

首先，本研究明确了数字化变革对企业创新环境的影响。尽管现有研究围绕经济环境、政策环境、媒体环境、融资环境和治理环境探讨了企业创新行为，但没有将数字化变革这一时代技术特征嵌入其中。本书从数字化技术及技术特征出发，探讨数字化对企业创新环境的影响，发现政务数字化、金融数字化和区域数字化都将发挥促进企业创新的作用。具体来说，区域数字化能缓解企业的融资约束，为企业创新提供资金支持；政务数字化能抑制寻租行为，促使政府向企业精准配置创新资源；金融数字化能促进人口出生率的提高，为创新提供长效的市场和人才储备。这些多维度的环境数字化将共同促进企业创新。

其次，本研究厘清了多维数字化环境对高质量创新的作用路径。尽管在创新政策的驱动下，企业创新水平有了一定的提高，但创新投入下降、创新产出不利的现象屡见不鲜，现有研究也没有提出有效的解决方法。本书在探讨数字化技术与企业创新痛点关系的基础上，结合数字化既影响企业外部环境又影响内部环境的高渗透特征，探讨多维数字化环境对企业创新的作用路径。

最后，本研究用大样本实证检验的方法为数字化与企业创新的研究提供新证据。尽管现有研究关注了数字化对企业的影响，但其研究方法多以理论演绎和案例研究为主，缺乏大样本的实证检验。本书利用机器学习和爬虫技术克服数据获取数量和数据获取精度等方面的困难，从而为数字化对企业的影响提供新证据。

2. 应用价值

在微观层面，本研究为企业构建数字化环境、促进企业创新提供理论指导和路径指引。本书深入分析了企业内部数字化环境对企业创新的影响机制，有助于企业结合自身特点确定合适的数字化抓手，促进企业创新。

在宏观层面，本研究为政府出台更细致的数字化发展政策提供科学参考和经验证据。本书基于多维数字化环境对企业创新的影响路径，提出了更有针对性的数字化发展建议，是对数字化补贴、数字化基建等已有政策的有力补充。

第二节 理论依据与研究现状

一、影响创新的因素

创新是企业持续健康发展的必由之路，也是我国经济发展的重要驱动力。影响企业创新的因素主要分为内部因素和外部因素两部分。

1. 内部因素与企业创新

内部因素主要有企业特征、财务特征和治理特征等，其中，企业特征包括企业文化、企业战略等方面，治理特征包括高管特征、股权结构、员工激励等方面。

在企业特征方面，企业文化熏陶影响着创新决策（何瑛 等，2019），多元的企业文化有助于促进思想交流（张杰、王文凯，2022），也会影响管理者的创新意愿。例如，包容型企业文化能够激发管理者的创新积极性（陈修德 等，2021；严若森、周燃，2021），缓解管理者对于创新失败的职业担忧（庄芹芹 等，2022；朱宇翔、权小锋，2023），提升企业风险承担水平（叶永卫 等，2022），进而提高创新质量。官僚型企业文化则会抑制管理者的创新动力（许婷、杨建君，2017），诱使其为了个人财富和声誉而追求短期利益，放弃周期长、风险高的创新活动（王红建 等，2017），削减研发资源的投入。

企业战略对创新有重要影响。企业可以通过互联网转型（沈国兵、袁征宇，2020）、数字化转型（Niu et al.，2023）、国际化（李梅、余天骄，2016；张振刚 等，2021）等战略，交流学习，建立战略共享的渠道（万筱雯、杨波，2023），促进实施差异化竞争战略（Wen et al.，2022），提高竞争力（Ferreira et al.，2019），优化资产配置（许志勇 等，2024），从而促进创新。但企业战略差异会影响融资约束，对创新产生不利影响（宋建波、谢梦园，2022）。

在财务特征方面，融资约束问题制约着企业创新活动（鞠晓生 等，2013），它会挤出创新资金（张璇 等，2017；钟华明，2021），影响企业资源配置和创新意愿（周开国 等，2017），导致企业创新投入不足。优化债务结构（江轩宇 等，2021）、发行可转债（陈文哲 等，2021）等活动可以有效缓解融资约束，促进企业创新。此外，经营杠杆（曾国安 等，2023；王玉泽 等，2019）、财务绩效（刘建国，2017）、年报信息披露（李春涛 等，2020）、会计信息质量（黄海杰 等，2018；蒋瑜峰，2014）等财务因素对创新决策也会产生影响。

在高管特征方面，高管团队是企业创新行为的决策和执行主体，其个人特征会对企业经营产生重要影响（何瑛 等，2019）。有学者研究发现，管理者的自信程度（谭曼庆，2023；Yi et al.，2015；林慧婷、王茂林，2014）、性别（Griffin et al.，2021；Chen et al.，2018）、精神认知（彭花 等，2022；余芬、樊霞，2022）、成长环境（高勇强 等，2023；严若森、周燃，2021）、个人能力（姚立杰、周颖，2018）、兴趣爱好（Sunder et al.，2017）、多样化经历（权小锋 等，2019；何瑛 等，2019；段云龙 等，2023）等特征塑造了其管理心理和管理风格，表现出他们的创新意识和风险偏好。同时，管理层的行业技术专长（洪康隆 等，2024；胡元木、纪端，2017）、海外经历（Yuan et al.，2018；戚聿东 等，2023；刘凤朝 等，2017；张晓亮 等，2019；宋建波、文雯，2016）、学术资本（黄灿 等，2019；章永奎 等，2019；陈春花 等，2018；Kong et al.，2022）等特征使其具有专业化技能、先进的管理经验和创新主动性，从而倾向于增加研发投入，促进企业创新。

高管团队多样性能够提高管理层多元化水平（张正勇、胡言言，2021；潘越 等，2017），降低管理层短视问题（虞义华 等，2018），但同时也会引起认知差异（陈灿君、许长新，2022）、情感冲突（刘鑫 等，2020）、信任问题（张杰、王文凯，2022）等，抑制企业创新。

在股权结构方面，国有资本参股为民营企业带来了资源效应（曾敏，2023），提高了企业的风险承担能力（韦浪、赵劲松，2021），并能够激发企业创新意愿（罗宏、秦际栋，2019），提高民营企业对创新资源的投入和产出质量。对于国有企业而言，国有资本终极控制地位并不能激励企业的创新（陈林 等，2019），究其原因，高管政治晋升（李莉，2018）、政府干预（李文贵、余明桂，2015）等因素致使其挤出研发资源（杨兴全 等，2019）。混合所有制改革能够抑制股东资金侵占行为（朱磊 等，2019），发挥非国有股东的监督职能（王艳 等，2024），提升国有企业创新效率（朱磊 等，2019）。但也有学者研究发现，国有企业民营化会抑制企业创新效率，非国有股东"掏空"动机（钟昀珈 等，2016）、融资约束（余明桂 等，2019）等是抑制创新的重要因素。

此外，连锁股东持股（晓芳、马一先，2023）、银企共同持股（王永钦、杨璨，2023）、"国家队"持股（于雪航、方军雄，2020）、同业交叉持股（Gao et al.，2019）等提高了股权多样性，促进了信息流动和资源的合理配置（杜善重，2022），发挥了监督职能，但"过度监督"会削弱控股股东的创新意愿，进而降低企业的创新行为（朱冰 等，2018）。

在员工激励方面，人力资源是推动企业创新的关键（李小平 等，2023）。员工激励可分为薪酬激励和股权激励，适当的激励能够产生利益趋同效应，激发员工的创新热情和风险承担意愿（Chang et al.，2015），提高个人努力和团队合作意识（孟庆斌 等，2019；Chen et al.，2016），增强企业创新的活跃度和可持续性（程新生、赵旸，2019），推动企业创新发展（赵世芳 等，2020），并在不同的激励方式（田轩、孟清扬，2018；刘宝华、王雷，2018）、激励强度（姜英兵、于雅萍，2017）下表现出差异性。

但也有学者研究发现，员工激励会产生消极作用。在薪酬激励方面，业绩薪酬可能会引发管理层的短期视野（解维敏，2018；刘宝华、王雷，2018），抑制企业实质性创新；员工工资扭曲（蒲艳萍、顾冉，2019）会造成员工内心的不公平感（解维敏，2017），降低企业创新产值。在股权激励方面，股权激励会增大管理层权力（吴卫红 等，2024），产生管理防御效应（卢现祥、李磊，2021），加剧代理问题；员工持股计划会出现员工"搭便车"（孟庆斌 等，2019）、激励错配（郝项超、梁琪，2022）等不公平问题，不利于企业创新。

2. 外部因素与企业创新

从外部来说，政策环境、经济环境、媒体环境和法律环境等的变化都会影响企业的创新活动。

经济政策的不确定性影响企业的创新行为。经济政策不确定性升高会增加企业的经营风险（Gulen and Ion.，2016），也会刺激企业的创新行为（顾夏铭 等，2018）。具体而言，当经济政策不确定性上升时，企业无法预测未来市场走势（张峰 等，2019），此时企业面临的经营风险会增加，也会面临融资约束（Panousi and Papanikolaou，2012；亚琨 等，2018），所以管理层会抑制企业的创新活动。但 Bloom（2007）认为，研发（R&D）投资的调整成本特征不同于普遍的资本投资。当经济政策的不确定性上升时，企业会面临更大的竞争压力，此时企业会通过创新来保持自身的核心竞争力，扩大市场规模（Aghion，2005）。经济环境是否推崇创新对企业的创新行为也有着重要的影响。当社会更推崇金融化时，企业会通过更多地配置金融资产来替代创新（亚琨 等，2018；王红建 等，2017）。当外部环境更加重视本地区的创新并增加研发投入时（党文娟 等，2008），则对当地企业的创新行为有显著的促进作用。

创新对经济发展是极为重要的，因此政府也会通过自身的力量对企业创新进行干预，主要分为直接手段和间接手段。直接手段就是政府给予财政补贴，而对于财政补贴与企业创新的关系，学界尚未形成统一观点。部分学者得出的结论是财政补贴对研发（R&D）具有替代效应，这是因为财政补贴对企业的创新激励缺乏重点（张杰 等，2016；叶祥松、刘敬，2018），企业则会为了获得财政补贴而极力迎合（Mamuneas and Nadiri，1996；Hall et al.，2000；Gorg and Strobl，2007；Acemoglu et al.，2018），从而降低企业创新的质量（张杰 等，2018）。另外一些学者得出的结论则正好相反，即认为财政补贴对 R&D 产生互补效应（Holemans，1988），这是因为财政补贴可以降低企业创新投资的成本和风险（戴晨、刘怡，2008；苗文龙 等，2019），进一步刺激企业的创新。间接手段即税收优惠，也是政府给予企业创新后的激励（戴晨、刘怡，2008）。税收优惠政策通过矫正企业创新的外部性（Guellec and Van Pottelsberghe，2003）、降低企业创新投资成本（Bloom，1998）、分担企业创新投资风险（郭庆旺 等，1994）和解决企业的创新流动性刺激企业的创新行为。

媒体扮演着重要的"监督者"角色（Bushee et al.，2010）。其监督实现的路径主要有两种：一是挖掘调查并曝光公司的丑闻与内幕（醋卫华、李培功，2012；Miller，2006；Dyck et al.，2010），二是通过传播信息对企业起到监督作用（Dyck et al.，2008）。因此，媒体的监督会给企业造成巨大的市场压力。基于"市场压力假说",由媒体负面报道带来的监督压力会抑制企业的创新行为(杨道广 等,2017)。会计方面的负面报道会在短期内给企业经理层造成更大的压力,导致经理层的短视行为,此时企业更倾向于进行风险小、周期短、回报快的投资,放弃高风险的创新投资(Graham et al.,2005)。然而,财经类杂志的负面报道则会促进企业的创新行为,因为财经类杂志的报道会清楚地讲述事件的来龙去脉,从而有利于企业纠正错误,同时由创新引起的企业短期内的业绩下滑并不会引起投资者恐慌(刘启亮 等,2013)。负面报道的程度对企业创新行为的影响也存在差异,更严重的负面报道对创新行为的抑制更显著,因为越严重的负面报道给企业带来的压力越大,企业会更小心谨慎。

在以往的研究中,劳动保护法对企业创新的作用有着不同的结论。Shapiro-Stiglitz 均衡模型(Shapiro and Stiglitz,1984)指出,劳动保护使得雇员比之前更加懒惰(Besley and Burgess,2004),所以员工的积极性和工作效率都会降低(Belot et al.,2007),不利于企业创新(Menezes-Filho and Van Reenen,2003)。公平理论(Adams,1965)也指出,在有劳动保护的创新合作团队中,会因为部分人的偷懒而导致整体的创新效率下降,不利于企业创新(姜军 等,2017;王钰、祝继高,2018)。也有研究发现,更严格的劳动法以及不正当解雇法保护了员工的利益(Acharya et al.,2014),并使得企业辞退员工变得困难。这促使员工从事具有长期价值的创新活动以获得更高的薪酬,同时促进了企业的创新行为(倪骁然、朱玉杰,2016)。

创新同时还涉及知识产权保护的问题,如果知识产权得不到保护,则会抑制企业的创新意愿。知识产权保护的完善会促进企业的创新。知识产权水平的提高通过促进企业进出口规模(Maskus and Penubarti,1995;Smith,1999)、增加和提高企业进口产品的种类(Goldberg et al.,2010)和质量(Curzi et al.,2015),促进企业的创新(魏浩、巫俊,2018)。知识产权执法力度的加强可以通过缓解企业的研发溢出(Jaffe,1986)和融资约束（Brown et al., 2009；Ang et al., 2014）来激发企业的创新行为（吴超鹏、唐菂，2016）。

二、数字化转型与企业绩效

数字化转型已成为微观经济主体高质量发展的必由之路，但企业数字化转型需要大量的资源投入并面临转型结果的高度不确定性（吴非 等，2021）。据《2021中国企业数字化转型指数》报告，仅有16%的中国企业能够将数字化投入转化为经营绩效。在理论界，关于数字化转型促进企业经济后果的观点也受到了一些研究者的质疑（Nwankpa and Datta, 2017；Kohtamaki et al., 2020；黄丽华 等，2021；马鸿佳、王春蕾，2024）。就数字化转型能否促进企业绩效的提升这一点，目前尚未形成统一观点。一些学者认为，数字化转型能显著提升企业绩效（何帆、刘红霞，2019；陈春花 等，2019；吴非 等，2021）。但也有学者指出，由于数字化悖论问题的存在，数字化难以在企业绩效方面发挥促进作用，即存在企业投资于数字化却难以获得预期的收入增长的可能（Gebauer et al., 2020；尚航标 等，2024）。

数字化转型对企业绩效的提升作用可以通过内部和外部两个途径来实现。从企业内部来看，数字化转型可以通过降低成本、提高效率以及增强企业创新能力推动实体企业经营绩效的提升（何帆、刘红霞，2019）。首先，数字化转型大大降低了收集信息、沟通和控制活动的交易成本；其次，当数字化转型逐渐深入时，会极大提升企业的运作效率，使企业在原有研发创新资源边界下达到最大的产出绩效（Loebbecke and Picot, 2015）。具体而言，制造过程的数字化能够实现各生产环节的信息共享，打破"工厂的围墙"，给企业带来积极的绩效（池仁勇 等，2022）。从企业外部来看，在市场竞争方面，IT支持的动态能力能够在不确定的环境中间接增强企业的竞争绩效（Mikalef and Pateli, 2017）。就供应链层面而言，首先，数字化转型能够增强企业对供应链的掌控能力，进而推动企业绩效的提升（李琦 等，2021）；其次，从客户端来看，数字化能力有助于提升企业的响应速度，能及时满足不断变化的顾客需求，商业模式上的数字化能更好地为客户提供长期价值，进而增加企业收入，提升财务绩效（江小涓、靳景，2022；池仁勇 等，2022）。

与上述观点不同，质疑数字化转型的有效性的学者则认为，数字化转型并不能降低企业的成本，反而会给企业带来巨大的成本负担。首先，数字化能力的开发和维持需要企业投入大量的资金并长期承担日常维护费用，而后期的员工培训以及数字化人才的聘用也会花费高昂的费用（Kohtamaki et al., 2020），这使得数字化转型对企业绩效的影响变得不确定。其次，信息技术的单独使用并不能对企业绩效的变化产生影响，而是需要借助资源编排才能发挥其支持作用（Li and Jia, 2018）。若数字化转型与企业现有信息技术能力不匹配或过度投资，则可能适得其反，增加整合成本，造成资源分配冲突和实施的风险，对企业绩效产生负面影响（Nwankpa and Datta, 2017）。

除了数字化转型本身的特点之外，企业内外部成员的认知也限制了数字化转型本应发挥的作用。一方面，数字化转型作为一种组织变革（黄丽华 等，2021），往往会受到组织内部管理层与基层员工甚至供应链成员的阻挠，这会降低数字化能力给企业带来的收益（马鸿佳、王春蕾，2024）；另一方面，也有一些企业对数字化转型缺乏理性客观的认识，存在盲目数字化的问题，导致数字化与现实业务脱节，无法利用数字化能力创造价值（Kohtamaki et al., 2020）。

也有学者指出，数字化转型与企业绩效之间并非简单的线性关系，而是呈现先升后降的倒 U 形关系。他们认为，数字化转型对企业绩效的影响取决于企业与同行其他企业的差异度：当差异度较小时，数字化转型会给企业带来竞争优势进而提高企业绩效；当数字化差异度较大时，企业会面临更多的合法性问题，进而降低企业绩效（尚航标 等，2024）。

三、数字化转型与企业监管

调查显示，超一半的企业已经实施或计划实施数字化转型战略，数字化转型正在成为数字经济时代下企业战略选择的必然趋势。但与此同时，数据作为新的生产要素，容易产生数据产权不清晰、数据安全难以保障、敏感信息泄露等问题（史宇鹏 等，2021），企业监管在此趋势下面临着新的挑战与机遇。

一方面，现有文献发现，企业数字化转型会对企业内外部监管产生积极影响。王海等（2024）研究发现，企业数字化转型可以通过提高信息透明度助力政府获得更为真实的财务信息，强化政府监管。陈德球等（2022）则从外部监督角度分析认为，机构投资者等外部监督力量可以协同数字化企业，提高对其运营状态的洞察力和对企业经营结果的监督力。黄勃等（2023）研究发现，企业数字化转型可以帮助企业实现管理赋能，即通过减小业务流程的可操纵空间、降低企业外部监管成本，促进企业高质量发展。祁怀锦等（2024）通过研究数字化转型程度与在职消费倒 U 形关系发现，当企业数字化转型达到质变时，可以改善企业信息环境，提升管理层的工作主观能动性，进而有效强化企业内部监督。戚聿东等（2020）指出，数字化转型使管理层权力下沉，从而促使企业基层员工积极参与公司治理，这样能有效扩大企业内部监管群体规模。徐玉德、漆圣桥（2023）的机制检验表明，企业数字化转型通过增强内部控制有效性和弱化真实性盈余管理减少管理层审计意见购买行为，说明了数字化转型对企业内部监管的作用。张钦成（2022）和张瑞琛等（2023）均通过研究发现，企业数字化转型信息可以强化内部监督机制，实现跟踪、动态调节和全面监控。方巧玲等（2024）认为，数字技术有助于进行精细化管理进而降低代理成本、优化内部控制，并且新型数字化技术的应用会吸引分析师关注，进而增强企业内外部监管。同样，聂兴凯等（2022）也从内部控制、盈余管理以及信息不对称性角度研究了企业数字化转型对监管的积极影响。

另一方面，也有学者发现企业数字化转型对企业内外部监管产生了不利影响。陈德球等（2022）指出，在企业数字化的积极影响下，也要注意企业利用数字化技术进行舞弊的行为。甄红线等（2023）指出，数字化转型中数字资产都表现为数据编码形式，具有磨损小、可变性高和易复制的特点，使得模仿、窃取和复制成本下降，侵权行为增多，增加新型企业的监管难题。吴武清等（2022）研究发现，企业数字化转型会增加盈余管理新途径，增加审计风险，进而提高审计收费；但是，审计收费仅弥补了额外审计成本，而无法提供高质量审计，最终弱化了审计这一外部监管中介。

综上所述，大多数学者认为企业数字化转型对企业监管具有积极影响，符合我国推进数字化进程策略。与此同时，因数字化转型而造成的对企业监管难度的提升等问题，需要后续更多有针对性的政策、建议去解决。

第三节 研究内容

一、数字化转型促进企业创新的多维机制

已有研究表明，驱动企业创新的因素包括内部和外部两个方面。因此，本书从企业本身特性和外部宏观环境入手，探索数字化经由企业内部和外部环境，多维度地形成创新合力的有效机制。

在企业内部方面，上市公司承担着满足全国市场需求的重任，因而上市公司的创新必须是能精准定位市场需求、大规模、持续的创新。企业数

字化转型通过海量信息获取，从降低融资成本、精准创新投入、规范企业行为等方面助力企业创新。

首先，数字化转型降低企业融资成本和债务风险，使企业获得充足的资金支持，实现大规模创新。在权益融资方面，数字化转型能帮助企业获得大量的信息。一方面，这将降低内部和外部的信息不对称，抑制大股东的掏空行为；另一方面，可提高企业的经营效率，增加企业收益。风险的降低和收益的增加将降低权益投资者所要求的风险溢价，进而降低权益融资成本。在债务融资方面，企业数字化转型有利于提高企业的内部控制水平和股票流动性，进而降低债务融资风险。数字化转型不仅能帮助企业获得海量的数据，还能使数据更可靠且不易被篡改。因此，数字化转型将使企业内部的控制环境更严格，风险评估能力更强，控制活动更精准，信息与沟通更顺畅，监督更有效。这将显著提高企业内部控制的水平。有效的内部控制通过抑制过度投资、关联方交易等行为，降低企业债务违约风险。同时，数字化转型还能提高企业的股票流动性。数字化转型将推动企业向信息化、智能化方向转变，从而给企业的经营管理模式带来冲击，使业务流程、经营决策流程的每个节点都在数字化平台的监控之下。在这种环境下，可以对管理层因追求个人利益最大化而篡改、隐瞒会计信息的行为进行有效监管，从而削弱管理层的机会主义动机，改善公司治理，提高会计信息披露质量。当投资者获得更多更可靠的信息后，信息不对称将大幅缓解，股票交易活跃度将显著提升，债务违约风险也将明显降低。

其次，数字化转型能帮助企业获得更多外部需求信息和内部能力信息，精准把控创新投入，提高企业创新产出。对于企业来说，创新意愿较低可能是由信息缺乏导致的。外部信息的缺乏，使得企业无法准确定位市场需求，对创新无从下手。内部信息的缺乏，使得企业不能准确定位自身的创新能力，对创新缺乏信心。数字化转型一方面能帮助企业从消费者、竞争对手、供应商和政府手中获得丰富的信息，精确感知市场需求；另一方面能帮助企业加强内部沟通，整合内部资源。在内外部信息的合力下，最终提高企业创新产出。

最后,数字化转型能规范企业行为,抑制企业违规,企业能够树立起诚信形象,获得市场的信任和长久的创新支持。企业违规的相关研究认为,掌握充足、可靠的信息是监管机构发现企业违规行为的关键。数字化转型使得企业行为被实时记录,而信息之间可以相互印证的特性,使这些信息变得较为可靠且难以篡改。因此,数字化转型将显著提高企业违规被发现的概率,抑制企业的违规意愿。当企业违规行为减少时,企业声誉大幅提升,企业将持续获得市场信任和消费者认可,这是企业坚持创新且创新成果被市场接受的坚实基础。

在外部环境方面,我国的央企、地方国企、民营企业、小微企业等多种企业类型,分布于制造、金融、互联网等传统和新兴行业,政府服务对象复杂。因此,政府必须优化营商环境,提高资源配置效率,这样才能充分发挥政府职能,促进企业创新。宏观环境数字化从降低企业创新成本、优化政府创新资源配置、释放创新需求、储备创新人才方面,助力企业创新。

首先,区域数字化水平的提高能降低企业融资成本,满足众多企业的创新资金需求。区域数字经济发展反映的是一个地区数字经济发展的综合态势,包括数据及信息化基础设施建设、数字城市服务、城市数字化治理以及数字经济与产业融合程度等多个维度。对于企业而言,区域数字化水平是其所处的外部环境的数字化进程。完善的数字基础设施有利于数字产业的快速发展,而数字产业的发展和渗透又增加了企业和外部的信息沟通渠道,放大了信息传播的速度和广度,提高了信息的可验证性。因此,数据和信息化基础设施建设以及数字经济与产业融合可能有助于降低企业的信息不对称,进而减少企业融资约束。此外,城市数字化治理、数字城市服务有助于提升城市在政务、治安、信用、资源和民生等方面的治理和服务水平,降低外部环境的不确定性,优化营商环境,进而缓解企业融资约束。融资约束的缓解将有效满足企业对创新资金的需求。

其次，政务数字化能抑制寻租行为，从而实现公平高效的政府补贴分配，提高企业创新投入。寻租是一种扭曲资源配置的不公平行为，其游走于政策制度的"灰色地带"。企业和政府之所以能躲过市场监管和民众监督，是由于资源分配过程和分配标准的模糊性，即资源分配的信息不对称。这一信息不对称，使政府在资源分配过程中掌握较强的裁量权，不仅能自由决定资源的去向，还能免于公众的不满。数字技术在政务领域的运用能显著降低信息不对称程度。第一，政务数字化可促进政府资源分配的标准化。将标准化的数据程序嵌入各个政务环节，实现高比例的自动审批，是政务数字化的特征之一。标准化程序的嵌入削弱了政府对单个企业的裁量权，迫使其遵守统一标准。同时，自动化审批杜绝了人工对分配过程的干预，保证了分配过程的公平性。第二，政务数字化可促进资源分配的透明性。将各个政务环节整合在统一的政务平台中，是政务数字化的另一个重要特征。一方面，此举能实时展示政务流程，实现资源分配过程的可视化、可追溯；另一方面，此举能明晰每一个步骤的责任人，实现资源分配责任的可确定性，并最终提升资源分配的透明性。政务数字化能抑制企业的寻租行为，使真正有需要且有能力创新的企业获得政府补贴，进而增加这些企业的创新投入。

最后，金融数字化能降低生育成本，提高生育率，从而在为企业创新提供持续的市场需求的同时不断储备创新人才。现代金融具有跨时空资源配置和风险分散等功能，家庭可利用金融工具平滑消费、管理风险和积累财富。然而，传统金融受时间和网点限制，以及出于风险和成本控制的考虑，难以覆盖作为生育主力的长尾人群。数字普惠金融通过信息化技术和产品创新，降低了金融服务的成本和门槛，打破了传统金融的网点限制，扩大了金融服务的覆盖范围，逐步实现"以可负担的成本为有金融服务需求的社会各阶层和群体提供适当、有效的金融服务"。经过不断的发展深化，我国的数字普惠金融实践已经覆盖支付、保险、信贷以及理财等多个业务领域，能够满足用户多方位的金融需求。因此，数字普惠金融的发展有助于降低广大家庭的资源配置成本,优化家庭资源配置行为,进而促进生育意愿。一方面,人口是市场需求的基础;另一方面,人口是优质人才的来源。基于此,数字金融将在企业扩大创新产品需求的同时为企业提供创新人才,进而推动企业创新。

二、企业数字化转型与创新

1. 企业数字化转型降低权益融资成本

发展数字经济、建设数字中国,是《中共中央关于制定国民经济和社会发展第十四个五年规划和二〇三五年远景目标的建议》(以下简称《建议》)中的一项重要内容,它标志着数字经济已经成为中国经济发展的新引擎。《建议》将数字化定义为大数据、物联网、区块链、云计算等创新性技术的使用,并提出要不断推进"产业数字化",将数字化的生产方式与传统的生产者、生产对象、生产产品相融合。

企业是生产者、生产对象、生产产品的综合载体,将数字技术全面融入企业,实现企业数字化转型是"产业数字化"的重要步骤。刘洋等(2020)指出,企业数字化转型应从制定数字化战略、搭建数字化平台、储备数字化人才和推行数字化文化四个维度进行。同时,上市公司也有动力在财报中披露其在数字化转型各维度的规划和努力。据此,本部分对中国 A 股上市公司 2006—2019 年的年报进行文本分析,以"数字化战略"、"数字化平台"、"数字化人才"和"数字化文化"为中心词,通过对年报文本进行机器学习,确定了一组相似度在 0.55 以上的相关词汇并统计词频,初步考察企业数字化转型的基本情况,结果如图 1-1 所示。从图 1-1 可以看出,2013 年仅有少部分企业在年报中提及了数字化;2014—2018 年企业年报披露数字化相关内容的频率显著增加,并逐年大幅上升;2019 年年报中的数字化相关词频增长幅度趋缓。从上述数字化的四个维度来看，企业最重视的是数字化平台的搭建，接下来是数字化战略的制定，同时对数字化人才、数字化文化等长期维度也有一定的规划。

图 1-2 列示了在年报中提及数字化四维度的企业数量，其总体趋势与数字化词频相同。2013 年提及数字化平台的企业数量有 333 家，2014 年上升到 599 家。2014—2018 年提及数字化转型的企业稳步上升。2019 年提及数字化平台的企业达到 1 520 家，占全部 A 股的 34%。

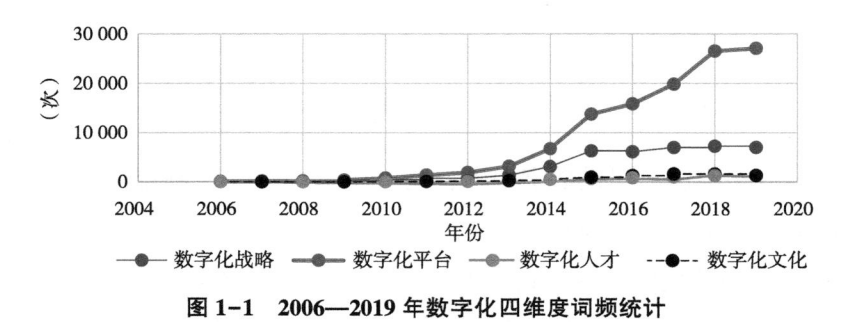

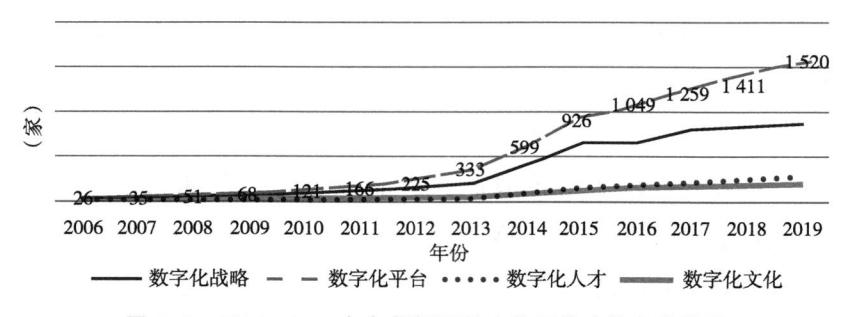

图 1-1　2006—2019 年数字化四维度词频统计

图 1-2　2006—2019 年年报提及数字化四维度的企业数量

以上数据表明，中国上市公司对数字化转型已进行了一定时间的探索，且有越来越多的企业加入了数字化转型的浪潮中，这意味着数字技术正快速融入企业并带来改变。

已有研究表明，数字技术能显著降低企业获取信息的成本、增加信息获取的含量、提高信息的可靠程度（宋德勇 等，2022；戚聿东 等，2020；Bloom et al.，2014）。这里的信息既包括外部的投资信息、市场信息、供应链信息，也包括内部的运营效率信息、精细化成本信息等。这一巨大的内外部信息集合能显著促进企业的经营效率、投资效率和对外披露效率（赵宸宇 等，2021；Bakhshi et al.，2014；Brynjolfsson et al.，2011）。那么，这些影响是否会传导至企业的权益融资行为呢？

与权益资本成本相关的研究表明，经营效率、投资效率和对外披露效率是影响企业权益资本成本的重要因素。具体而言，当企业进行权益融资的目的是开展经营活动时，经营效率的提升能显著降低经营风险，进而降低权益资本成本（沈艺峰 等，2005）。当企业进行权益融资的目的是开展投资活动时，投资效率的提升能显著降低投资风险，进而降低权益资本成本（王静 等，2013）。不论企业权益融资的目的是开展经营活动还是投资活动，其对外信息披露含量和可靠程度的增加都能提高披露效率，降低企业与投资者之间的信息不对称，进而降低权益资本成本（卢文彬 等，2014；孟晓俊 等，2010）。

因此，企业数字化转型对其经营风险、投资效率和披露效率等方面的积极影响很可能进一步传导至其权益资本成本，具体来说有以下三种机制。

第一，企业数字化转型—投资效率—权益资本成本，即对于投资效率较低的企业而言，数字化转型有助于提升其获取外部投资标的等投资信息的能力，从而提升投资效率，进而降低其权益资本成本。

第二，企业数字化转型—经营风险—权益资本成本，即对于经营风险较高的企业而言，数字化转型将有助于提升其获取外部市场、内部运营等信息的能力，从而降低经营风险，进而降低其权益资本成本。

第三，企业数字化转型—对外披露效率—权益资本成本，即对于信息不对称程度较高的企业而言，数字化转型有助于提升其获取信息的量级和可靠程度，并向投资者披露更多更可靠的信息，从而降低企业与投资者之间的信息不对称，进而降低权益资本成本。

可见，数字化转型极有可能影响企业的权益资本成本，然而，现有关于企业数字化的研究并未深入探讨这一话题。因此，本书尝试利用上市公司年报文本中披露的数字化相关信息，厘清企业数字化转型与权益资本成本之间的关系并明晰其影响机制，即在数字化转型的时代背景下，探讨技术变革对企业权益融资行为的影响。

2. 企业数字化转型抑制债务违约风险

目前，推动数字经济发展已上升为国家战略层面。习近平总书记于2016年指出，"推动实体经济与数字经济的融合，做优做强数字经济，使数据要素成为推动经济发展的中心驱动力"。党的十九大以来，中央对数字经济给予了极大的关注，把数字经济作为调整经济结构、增强实体经济创新活力的核心内容。企业是宏观经济中的核心微观组成部分，数字经济的直接表现就是企业数字化的普及和应用，企业利用数字技术准确捕捉市场机遇，快速响应环境变化，提升价值链的各个环节。目前，企业的数字化转型战略取得了显著成效。《中国数字经济发展白皮书（2021）》显示，2020年我国数字经济总产值将近39.2万亿元，是GDP总产值的38.6%，其中企业数字经济的产值为31.7万亿元，占数字经济总产值的80.9%，成为国民经济高质量发展的重要支撑。2020年新冠疫情暴发，企业停工停产，企业面临较大压力，造成很多国家和区域的经济停滞不前。反观抓住契机早已进行转型的企业，它们通过借助新一代数字技术优化内部资源配置，提升运营效率，减少企业运营成本，在疫情中所遭受的损失较小（吴非 等，2020）。所以，在政策鼓励、经济形势等因素的推动下，进行数字化转型既是企业在逆境中转危为机的重要转手，又是企业在新时代背景下实现高质量发展的必由之路。

随着经济下行和去杠杆多重政策的叠加效应，违约"暴雷"有逐渐成为常态之势。2019年北大方正、2020年永煤集团、2021年海航集团等企业出现流动性危机，引发违约状况，违约波及的范围逐渐加大。笔者在Wind数据中查询到，到2021年底，计有144只债券出现违约情况，违约金额达1 526.93亿元。从发行个体来看，导致企业发生债务违约的最为关键的原因是盲目扩张与内部控制失效、企业大规模举债、管理层操纵财务信息舞弊、过度投资以及股东违规担保，占用企业资金，从而导致企业内部资金周转困难，加剧违约风险。基于此，如何预防和缓解违约风险是中国企业亟待解决的问题。

随着数字革命的推动，数字化转型已经日益渗透到企业生产经营的各个流程。因此，对此开展的研究不能仅仅停留于技术层面，而应更多探讨数字化转型对实体经济发展带来的正面影响，故而，在学者已有研究结论的基础上，本书进一步研究的问题是企业数字化转型是否会降低债务违约风险，如果可以降低此类风险，则其又通过何种路径发挥作用？下面对这些问题展开详细的论证和分析。

本书将数字化转型定义为通过数字化技术重构生产经营活动和组织结构，提高生产经营效率和组织管理效率，将数字化转化为核心竞争力的过程。本部分主要从以下几个方面探讨数字化转型的经济后果。

第一，从企业生产经营的角度，企业通过应用数字化技术进行数字化转型，可以激发企业的创新产能，提高企业产品竞争优势进而提高产品绩效（谢康 等，2020）。企业数字化转型可以提高企业运营效率，优化企业各部门间的资源配置，促进企业商业模式转型升级，提高企业的生产效率。企业数字化发展是通过差异化而非成本领先提升企业业绩的（杨德明、刘泳文，2018）。

第二，从企业内部治理的角度，企业数字化转型可以提升内部控制运行效率和效果，进而改善企业内部控制质量（张钦成、杨明增，2022）；进行数字化转型的企业会变革原有的组织结构和商业模式，压缩企业组织层级，强化对企业管理层的监督，使业务操作更加公开透明，进而提高公司治理水平（祁怀锦 等，2020）。

第三，从企业创新的角度，与传统的技术创新相比，数字技术具有许多优点，可以对技术创新产生明显的推动作用（陈剑 等，2020）。数字化转型可以使企业对市场动态的变化做出快速反应，洞察客户需求，明确创新投入方向。

第四，从审计的角度来说，企业数字化转型可以提高审计质量和效率，通过改善披露的会计信息数量和质量、降低财务风险进而提高审计质量（翟华云、李倩茹，2022）；通过降低企业自身的经营风险、提高财务信息披露质量、降低审计成本，从而降低审计定价（张永坤 等，2021）。

债务风险，学者们又普遍称之为信用风险，即债务人无力或不愿到期还本付息从而使债权人遭受损失的风险，主要包括以下几点。

第一，从内部影响因素的角度，企业的杠杆率水平会影响违约风险，高杠杆率增加了企业到期还本付息的压力；企业内部配置金融资产，在一定程度上可提高资产变现能力和流动性，从而减少违约发生的概率（邓路 等，2020）。但是，过度配置金融资产反而是舍本逐末之举，有可能增加违约风险，已有学者研究发现金融资产配置和违约风险两者之间存在倒U形关系（扈文秀 等，2021）。当企业的业绩在一定程度上较为平稳时，有利于减少违约概率，业绩剧烈波动则会使公司的违约风险上升（张瑞君、李小荣，2012）。具有较高内部控制质量的企业，可通过优化企业的投融资行为来降低债务违约风险（李萌、王近，2020）。创新活动有助于企业开发新产品、提升竞争优势，使企业从资本市场获取外部资金更加便利，有利于降低违约风险。但与此同时，创新亦具有高风险特点，过度创新会导致违约风险增加（孟庆斌等，2019）。

第二，从企业外部影响因素的角度，股票流动性的提高会降低公司的违约风险（Brogaard et al., 2017）。这主要是由于，随着股票流动性的提高，股票交易量增加，企业更容易从资本市场上获取外部资金，而外部投资者的监督有利于提高企业治理水平，进而降低其违约风险。数字金融可以发挥监督治理效应，改善经营管理，从而有效解决企业资金周转等困难，进而降低违约风险（翟淑萍 等，2022）。经济政策不确定性会影响企业的外部生存环境，不确定性水平较高时，会进一步恶化其外部融资能力，致使企业经营业绩下滑，削弱企业的偿债能力，增加其债务违约风险水平；货币政策的不确定也会影响违约风险。

本书所指的债务违约风险，是指企业无法及时偿还企业所有债务的可能性。当公司不能履行其债务义务或当其资产价值低于债务价值时，就会发生违约，而偿债能力和意愿不足往往是导致公司发生债务违约的本质原因。当企业的内部控制水平、股票流动性提高时，会通过提高企业的偿债能力和意愿来降低债务违约风险。

企业数字化转型有利于提高企业的内部控制水平，有效的内部控制通过抑制过度投资、关联方交易等行为来降低债务违约发生的概率。内部控制的有效性既取决于公司领导者的重视、内控环节管理者的水平，又取决于所应用的内控管理工具。数字化转型为企业内部控制的体系构建和实施带来了变革，云计算、物联网等技术已逐步融入企业的内部控制工作环可以精准识别企业内部控制中存在的缺陷，进而提高内部控制绩效。部环境方面，数字技术的应用使企业内部实现协同控制，如在生产、决策、内部资源、设备管理等方面，可通过数字化平台管理公司的构。在风险评估方面，长期以来，内控人员接触不到企业业务的借助数字技术，将内部控制环节与业务流程相融合，内控人员流程的实际操作（倪克金、刘修岩，2021）；数字化转型具企业内外部海量数据的优势，企业可以实时察觉运营管理中、分析风险变化，建立预测模型判断未来风险发生的概级，及时制定恰当的应对策略，从而实现事前风险识别、投资方向（韩国高 等，2022）。在控制活动方面，数务流程实现了自动化和智能化，企业的管理活动和财务与企业生产发展服务。在信息沟通方面，数字化转型可体系的数据互联，提高信息传递的有效性、及时性、数字化转型压缩了企业原有的组织层级，向扁平化业对各职能部门与人员的监管（戚聿东、肖旭，制水平较高时，一方面，可以抑制管理层因追求自身利益最大化的过度投资行为和盲目进行规模扩张而导致的短贷长投行为，进而可以降低债务违约风险（李万福 等，2011）；另一方面，内部控制可以发挥监督治理机制，抑制关联方交易，减少控股股东对企业资金的占用，进而降低企业债务违约风险。综上，数字化转型可以通过提高内部控制水平来降低债务违约风险。

企业数字化转型还可以通过提高股票流动性来降低债务违约风险。首先，从缓解信息不对称的角度来看，数字化转型推动企业向信息化、智能化方向转变，给企业的经营管理模式带来冲击，企业的业务流程、经营决策流程的每个节点都在数字化平台的监控之下。在这种环境下，可以监管到管理层因追求个人利益最大化而篡改、隐瞒会计信息的行为，会削弱管理层的机会主义动机，改善公司的治理水平，提高会计信息披露质量。其次，企业的生产经营数据可能被沉淀在企业内部，无法被挖掘，数字化转型则可以提高信息的利用水平，从而增加对外披露的信息总量。不仅如此，传统的财务信息披露可能存在较大局限，进行数字化转型的企业可以将以往的结构化数据优化升级形成各种图像、音频等非结构化数据，从而降低数据传输过程中的损耗。资本市场上的投资者可以获取更多关于企业内部的信息，这缓解了信息不对称，会影响到资本市场上股票交易的活跃程度。从信号传递的角度来说，数字化转型符合政策倡导和时代发展潮流，国家鼓励和支持企业推动数字化转型，进行数字化转型的企业通过年报关键词披露或者提高无形资产投资比例向外界传递积极的信号，吸引分析师的关注和新闻媒体的正面报道，产生一种正面的曝光效应，提高市场投资者对企业的预期，调动投资者的投资热情，提高股票交易水平。当资本市场中股票交易量增加时，企业能够通过降低杠杆水平或者获取外部融资来降低债务违约风险。综合以上的理论推导过程，我们应先研究数字化转型是否能降低企业债务违约风险这个问题。

当管理层持股比例较高时，根据利益趋同效应，管理层与股东的利益相符，从追求个人利益最大化到实现股东财务最大化，管理层与企业利益共享、风险共担，管理层有动机为企业的长远发展做打算，兢兢业业为企业工作，从而降低道德风险发生的可能性。企业的内部控制建设是一项统筹全局的工作，其建设范围包括企业全体人员和全部业务活动，通常管理层有动机和意愿提高企业内部控制水平，帮助企业树立较好的风险管理观念。已有研究发现，当管理层持股比例较高时，可以提高企业的内部控制水平（逯东 等，2014）。此外，管理层的持股比例较高，可降低股东与管理层利益冲突，抑制管理层为追求个人私利而进行的过度投资行为，从而削弱债务违约风险。反之，当管理层持股比例较低时，股东与管理层之间的代理成本较高，会增加债务违约风险。所以，根据理论推导，在管理层持股比例较低的样本中，企业数字化转型通过提高内部控制有效性来降低债务违约风险的边际效应更加显著。据此，我们进一步研究管理层持股在数字化转型与企业债务违约风险之间的调节作用。

3. 企业数字化转型促进创新投入

数字化转型尚未在文献中形成统一的定义（Henriette, Feki and Boughzala, 2016）。但是，根据本书的文献综述可知，企业数字化转型具有一些共同的特点。首先，大数据、人工智能等数字技术已深深扎根于企业的日常运营、组织结构甚至企业文化之中（Almaazmi et al., 2020; Boulton, 2018; Boutetiere and Reich, 2018; Henriette, Feki and Boughzala, 2016; Kane et al., 2015）。其次，企业必须能够收集、处理和分析数据以创造价值（Cappa et al., 2021; Björkdahl and Holmén, 2019）。因此，企业的数字化转型至少表现为应用新技术来提升企业价值。

熊彼特的创新理论认为，创新就是"建立新的生产函数"，即引进新技术，重新组合生产要素。这种新的组合可以产生超额利润，成为经济发展的新动力（熊彼特，2010）。

现在，诸多企业已越来越认识到数据的力量（Gobble, 2013）。凯捷公司和《经济学人》杂志进行的一项调查显示，超过90%的全球企业领导人认为，信息是与土地、劳动力和资本并列的第四大生产要素。

那么，数字化转型会鼓励企业创新吗？很少有研究提供这方面的证据。虽然有研究发现，数字化可以通过数据驱动的洞察力生成而提高企业的创新能力（Ghasemaghaei and Calic，2019）；然而，能力并不是创新的全部，企业需要增加研发支出，以提高创新水平。据此，本书将深入讨论数字化转型对企业创新水平的影响，试图完善数字化与创新相关的研究。

本书认为，数字化转型会提高企业的研发投入。创新是一项高成本、高风险的活动，因此，资金限制和不确定风险是抑制创新水平的主要原因（Ederer and Manso，2013；Manso，2011；Boudreau，Lacetera and Lakhani，2011；Hall，2005）。然而，数字化转型可能会突破这些障碍。数字化平台等数字化手段可以减少投资者与企业之间的信息不对称，从而降低融资成本，缓解融资约束（Blankespoor，Miller and White，2014；Jung et al.，2018）。此外，数字化还能提高企业绩效，促进企业承担风险和化解创新风险的能力（Günther，Mehrizi and Huysman，2017；Johnson，Friend and Lee，2017）。此外，数字化可以增强信息内容，从而缓解企业感知到的风险（Rindfleisch，O'Hern and Sachdev，2017）。作为一场重要的技术革命，我们预计数字化转型至少会出于以下三个原因鼓励研发支出。

首先，创新是一项高成本活动（Tian，Zhou and Hsu，2020），内部资本在大多数时间都不足以支持研发支出，因此，融资是创新需要解决的首要问题（Brown and Fazzari，2009；Howell，2017）。不幸的是，信息差距成为融资的一个障碍。内部人掌握着更多关于企业的信息，但企业与投资者之间却存在着巨大的信息鸿沟（Holmstrom，1989）。与此同时，研发资本缺乏抵押价值，无法弥补这类信息不对称，使得信息差距进一步扩大（Brown，Fazzari and Petersen，2009）。因此，外部投资者在评估创新成果时可能会面临很大困难，并要求额外的风险溢价补偿（Francis，Hasan and Huang，2012）。对回报率要求的提高会增加资本成本，导致融资限制。媒体报道可以更广泛地传播企业信息，从而减少信息不对称（Bushee et al.，

2010），而数字平台技术可以让企业本身成为媒体，通过抖音、微博等社交媒体，企业不仅可以及时、广泛地发布信息，还可以专门通过评论与投资者沟通（Albarrak et al., 2020）。换句话说，加强沟通可以抑制信息不对称，缓解融资约束。因此，本书认为，通过数字化转型缓解融资约束可以促使企业加大研发投入。

其次，创新是一项高风险活动。一方面，创新失败会增加破产的可能性（Hall, 2005）；另一方面，创新的不确定性会带来更大的股票波动，从而增加被收购的可能性（Fang, Tian and Tice, 2014）。因此，风险承担能力与企业创新密切相关，风险承担能力越低，创新活动越少。根据行为理论，所有企业都可能会从事风险承担活动，但只有高绩效企业才会关注能带来长期利益的风险活动，如研发支出（Xu, Zhou and Du, 2019）。最新的研究表明，数字化转型可以明显促进企业绩效。首先，数字化可以帮助企业更容易地获得消费者喜好信息，从而提高客户满意度，带来收益（Günther, Mehrizi and Huysman，2017）。其次，数字化提升了数据含量、多样性和速度，从而提高企业的运营效率、增加利润（Marshell, Mueck and Shockley, 2015）。最后，数字化有助于企业收集与市场相关的重要信息并据此调整战略以满足客户需求，进而提高企业的财务绩效（Côrte, Oliveira and Ruivo, 2017）。数字化可使企业绩效提高近5.9%（Müller, Fay and vom Brocke, 2018）。所有这些都表明，数字化可能会通过企业绩效对风险承担产生积极影响。因此，本书认为，通过数字化转型提高风险承担能力将鼓励企业创新。

最后，创新是一项不确定的活动。缺乏信息会产生高风险感知，从而导致创新厌恶（Hall, 2005）。因此，企业对风险的感知会影响研发支出，企业掌握的信息越少，感受到的风险就越高，创新意愿就越弱。信息不足是由外部和内部限制造成的。从外部信息来说，企业难以从消费者、竞争对手、供应商和政府那里获得丰富的信息，因而不愿做出创新决策（Bonardi, Hillman and Keim, 2005; Lado and Wilson, 1994; Shane and

Venkataraman, 2000；Quinn and Jones, 1995；Zhang and Luo, 2013；Afuah, 2003；Ramamurti, 2000）。企业不知道研发什么、何时研发以及研发到什么程度。从内部信息来说，信息鸿沟不仅存在于员工之间，也存在于部门之间（Chen et al., 2018；Ecker, Triest and Williams, 2013；Afuah and Tucci, 2012；Sirmon, Hitt and Ireland, 2007）。由于难以相互理解，缺乏沟通，管理者可能很难认识到企业本身到底具备怎样的研发能力，导致错失巨大的创新机遇。数字化转型则能同时增强企业获得的外部和内部信息，解决信息鸿沟难题。在外部方面，企业可以通过机器学习更好地了解消费者，可以通过数字贸易平台比较更多的供应商，可以通过数据监测实时获取政府的直接信息（Rindfleisch, O'Hern and Sachdev, 2017；Parviainen et al., 2017）。在内部方面，数字化可以让企业通过洞察学习和组织学习更好地了解自己（Ghasemaghaei and Calic, 2019）。综上所述，数字化转型可以增强企业对外部和内部环境的理解，进而提高创新的确定性评估，从而促进研发支出的增加。

数字化转型与创新投资之间的正相关关系可能是内生决定的。具体来说，这一结果可能因相互原因而产生偏差。例如，研发支出较多的企业对财务问题的担忧较少，因此有足够的资金进行数字化转型。此外，与数字化转型和研发支出相关的不可观测的企业和国家特征（即遗漏变量问题）也可能导致结果偏差。为了解决这个问题，本书使用企业所在省份的软件收入作为其数字化转型的工具变量，其中隐含的假设是，软件成本是企业数字化转型不可或缺的支出，而为了售后方便，企业往往会优先选择所在省份的供应商。因此，企业所在省份的软件收入与数字化转型相关。由于没有证据表明软件收入与企业研发支出之间存在联系，所以本书选择工具变量是合适的。

变量的测量也会影响结果的稳健性，为了解决这个问题，本书对模型进行敏感性测试。首先，改变数字化转型的测量方法。将数字化转型设置为一个虚拟变量，如果年报中出现了数字化转型的关键词，该变量等于1，否则为 0。其次，改变研发支出的衡量方法，如使用研发支出除以总销售额的方法来衡量研发支出（Grabowski，1968）。

提供信息是数字化最重要的特点。因此，本书还将继续探讨的问题是：数字化帮助企业获得了什么样的信息促使企业增加了创新投入。一方面，它们可能更了解市场需求，因此对客户需求的了解使之愿意更积极地进行创新。另一方面，企业可能更了解自己的创新能力，因此创新成功的确定性使之更倾向于创新。为了进一步研究信息内容，本书对需求信息和能力信息分别进行了测试。

当企业更了解创新需求时，其专利能带来更多收入（Priem，Li and Carr，2012；Robertson and Yu，2001），因此，本书用专利除以收入来衡量需求信息，专利产出越高，企业了解的需求信息越多。当企业对自己的创新能力没有信心时，他们可能不愿意进行创新活动（Biais，Rochet and Woolley，2015），但如果他们得到了外界的认可，情况就会发生变化。研究发现，政府补贴会促进创新活动，因为补贴是高创新能力的信号，补贴越多，能力越强（Kleer，2010；Bronzini and Piselli，2016）。在考虑规模效应后，我们用政府补贴除以收入来定义创新能力。

综上所述，本书在此先研究数字化是否促进了企业的创新投资，然后研究数字化促进企业创新投资的具体机制。

4. 企业数字化转型抑制企业违规

大数据、物联网和人工智能等数字技术的快速融合改变了企业的日常运营。数字化实现了高效的数据收集、处理和分析，使企业能够洞察消费者行为、供应商动态和监管趋势（Almaazmi et al., 2020；Henriette et al., 2016；Kane et al., 2015）。随着越来越多的企业选择走数字化道路，许多研究都在探讨数字化对企业各个方面的影响，如企业社会责任（Jiang et al., 2023）、竞争战略（Wen et al., 2022）和股票估值（Ricci et al., 2020）。在本部分，我们探讨数字化对企业违规的影响，这是企业运营中一个重要的领域。

与数字化相关的研究表明,数字技术已经越来越多地融入企业的日常经营之中。如今,大数据、人工智能和物联网等数字技术已深入渗透到企业的组织框架、运营程序和文化氛围中(Almaazmi et al., 2020; Henriette et al., 2016; Kane et al., 2015)。如前所述,凯捷公司和《经济学人》杂志进行的一项调查显示,超过90%的全球企业领导者都认为,信息是与土地、劳动力和资本并列的第四个生产要素,这进一步加剧了这种模式的转变。因此,企业越来越多地从大量数据汇总、分析信息,以促进价值创造(Cappa et al., 2021)。在这种情况下,数字化成为一种强有力的推动因素,使企业能有效地收集、处理和整合信息,进而获得宝贵的洞察力。例如,利用机器学习算法,企业可以深入研究消费者行为,通过数字贸易平台评估供应商动态,并通过实时数据检测方法及时响应政府指令(Rindfleisch et al., 2017; Parviainen et al., 2017)。在企业内部,数字技术的采用有助于组织领导者通过洞察学习和组织学习机制进一步了解控制企业(Ghasemaghaei and Calic, 2019)。数字化转型的总体影响超越了组织行为,在内部和外部都发挥着作用,增强了企业对其运营环境的理解。当企业拥有充足的外部和内部信息库时,创新才能蓬勃发展(Hall, 2005)。外部信息包括与消费者行为、竞争动态、供应商关系和政府政策相关的一系列见解,内部信息则包括员工之间的互动和不同部门之间的协作(Chen et al., 2018; Ecker et al., 2013; Afuah and Tucci, 2012; Sirmon et al., 2007)。在数字化的推动下,这些内部和外部信息的整合,使企业能够根据市场需求和内部能力对其创新努力进行战略调整,从而在日益动态的商业环境中促进可持续增长和竞争优势。

与企业违规相关的研究表明,诸多因素对企业违规行为产生影响。首先,一部分学者深入探讨了高管特质和高管行为对违规的影响。例如,女性或受过高等教育的高管与同类高管相比,会表现出较低的违规倾向(Cumming et al., 2015; Luo et al., 2020)。此外,高管之间的裙带关系被认为是增加违规行为风险的一个因素(Khanna et al., 2015)。同样,缺乏经验的 CEO（首席执行官）也会加剧企业的违规行为（Chen et al., 2016）。其次，另一部分学者则关注了公司治理在违规中的作用。在治理层面，董事长和首席执行官角色的结合削弱了最高管理层内部的平衡，有可能助长违规行为（Chen et al., 2016）。相反，较高比例的独立董事，尤其是具有专业会计背景的独立董事，可以加强对高管的监督，遏制违规行为（Beasley, 1996；Agrawal and Chadha, 2005）。研究还发现，公司违规与公司治理之间存在反向因果关系。例如，当首席执行官拥有大量股票期权或同时担任董事会主席时，企业违规行为往往会增加（Burns and Kedia, 2006；Efendi et al., 2007；Peng and Roell, 2008；Johnson et al., 2009）。再次，公司违规还可能会受到外部金融分析师的影响，因为分析师作为投资者的代言人，可以通过揭露违规行为来提高自己的声誉或财务地位（Hong and Kubik, 2003；Chen et al., 2016）。同样，卖空者可以通过细致的负面信息分析，对违规行为起到威慑作用，并提高违规被发现的可能性（Hou et al., 2019）。媒体报道可以广泛传播公司信息，从而减少信息不对称，抑制违规行为（Bushee et al., 2010）。最后，政府监管也对抑制企业违规发挥着至关重要的作用（Miller, 2006；Karpoff and Lou, 2010；Chen et al., 2016）。研究表明，监管机构在发现企业违规方面负有重要责任，其主要目的是保护投资者（Li, 2013）。然而，有政治关联的公司往往会通过各种手段破坏违规行为的侦查工作，包括降低侦查的可能性、延迟侦查或通过监管游说将处罚降到最低（Correia, 2014；Yu and Yu, 2011）。

数字化对企业违规的影响可能是一把双刃剑。一方面，数字化通过先进的系统持续跟踪金融交易和活动，增强公司的监控和检测能力，从而有助于识别异常行为或可疑模式。此外，数字化转型还能更有效地收集和分析海量数据，并利用数据分析和人工智能等技术，发现潜在的违规风险。另一方面，数字化也会诱使企业通过操纵数据进行违规。例如，数字化会产生大量数据，这些数据可以被操纵或伪造，以掩盖违规活动。违规者可能会利用数字化系统的漏洞或数据管理实践中的薄弱环节来篡改记录、歪曲财务信息或虚构交易。

因此，本书在此将深入研究数字化转型对企业违规的影响究竟是正向的还是负向的，并找出数字化影响企业违规的具体机制。

以中国企业为研究对象来验证本书提出的假设有以下几个原因。一是与世界其他国家相比，中国的数字化转型水平最高；二是由于制度环境相对薄弱，中国企业的违规行为较多。本书的主要分析表明，数字化程度较高的公司不太可能违规，并且在实施违规时更有可能被发现。在控制了各种财务和治理变量、改变了因变量和自变量的替代指标、应用了包括两阶段最小二乘法模型在内的各种估计模型来解决内生性问题之后，这一结果依然是稳健的。数字化之所以能抑制企业违规倾向并提高企业违规被发现的概率，是因为：首先，数字化程度的提高产生了大量信息，为审查潜在的违法行为提供了充足的证据；其次，数字化大幅提高了信息的可靠程度，使监管能更有效地区分和识别违规行为，从而有利于发现企业违规。

为了验证数字化通过更有效的信息处理影响企业违规的机制，本书将检验当外部信息不足时，数字化的影响是否更加明显。根据相关文献（Hong and Kubik，2003；Chen et al.，2016），本书将外部信息水平的代理变量设定为新闻媒体报道和金融分析师的关注。如果媒体和分析师的覆盖率较低，则数字化能更有效地遏制企业违规并促进违规的发现，因为数字化可以为监管机构和举报人提供充足的信息。同时，数字化还通过提高信息质量来影响企业违规行为。信息质量低或信息高度不对称会给发现和预防企业违规带来挑战。在这种环境下，数字化有可能发挥关键作用。数字技术和数据驱动的方法可以将各种信息联系起来，并验证证据链，从而发现违规行为。此外，本书还将进一步检验数字化与企业内部控制的关系。通过研究数字化与企业控制环境、风险评估能力、控制措施、信息与沟通以及控制监督的关系，来证明企业是否因为数字化而主动降低了违规行为。在内部控制五要素中，监督要素能衡量企业的自我监督能力。若企业自我约束意识较高，则会加强内部监督。如果数字化促进了内部监督，则说明数字化激发企业主动进行自我约束。如果数字化对该要素影响不显著或为负而对其他要素影响为正，则说明数字化使企业被迫降低了违规水平。

在上述基础上，如果数字化将提高企业违规被发现的概率，那么企业为什么要进行数字化转型呢？显然，企业是不希望监管更容易发现其违规行为的。在这一部分，本书想要检验的是企业数字化转型的根本动机。根据已有研究，提高效率和绩效可能是企业开展数字化转型的原因，因此我们将验证数字化与绩效的关系。

三、环境数字化转型与创新

1. 区域数字化缓解融资约束

2017年《中国企业经营者问卷跟踪调查报告》显示，超过三成企业家表示资金紧张是企业经营发展中遇到的最主要问题，企业平均融资成本高达8.15%，融资难、融资贵的问题仍然突出。融资约束不仅对企业的经营活动造成障碍（盛丹、王永进，2014），还限制了企业的创新投入（卢馨等，2013；刘胜强等，2015；钱雪松等，2021）；它是制约我国企业发展的关键性问题（陈道富，2015；仲为国等，2017），也是我国经济转型和升级的重要瓶颈之一（邓可斌、曾海舰，2014）。近年来，我国数字经济发展水平快速提升，数字经济和实体经济加深融合，成为推动我国经济社会高质量发展的重要引擎。数字经济以数据为核心生产要素的本质特征决定了其关键在于促进信息的流通和共享。已有研究证实，数字经济有助于增加企业和投资者的信息沟通渠道（谭松涛等，2016），放大信息传播的速度和广度（胡军、王甄，2015；周冬华、赵玉洁，2016），评估和验证信息的真实性和有效性（孙凡、郑济孝，2018；张学勇、吴雨玲，2018）等。这说明，数字经济有助于降低信息不对称。而信息不对称是导致高融资成本和融资约束的主要原因之一（Myers and Majluf, 1984；

Kaplan and Zingales，1997；屈文洲 等，2011）。那么，区域数字经济的发展是否有助于缓解企业融资约束呢？

已有研究证实了数字化水平对商业模式创新（Autio et al.，2018）、企业创新绩效（周文辉 等，2018；王才，2020）、区域创新绩效（周青 等，2020）、公司治理（祁怀锦 等，2020）等方面具有促进作用。少量文献研究了数字金融对企业创新的影响，发现数字金融发展能够通过优化金融资源配置来缓解企业融资约束，进而促进企业创新（万佳彧 等，2020）。但是，目前对于区域数字经济发展如何影响企业融资约束还少有研究。区域数字经济的发展水平反映了一个地区的数字经济发展态势，对于企业而言是其外部的数字化环境。一方面，良好的外部数字化环境有助于降低数字化的成本，促进企业数字化转型，从内部提高企业的信息透明度；另一方面，也有助于通过丰富和畅通企业与外部的信息沟通渠道，提高信息传播的深度和广度，从外部降低信息不对称，最终达到缓解企业融资约束的作用。此外，数字经济在城市治理、城市服务等方面的应用和渗透可能会改善区域营商环境，从而产生抑制信贷成本、缓解融资约束的作用。因此，对区域数字经济发展是否以及如何影响企业融资约束值得进行更深入的研究，以明确其影响机制。

本书利用新华三集团数字研究院与中国信息通讯研究院发布的《中国城市数字经济指数》作为区域数字经济发展的代理变量，与2017—2020年中国A股上市公司企业数据进行匹配，对以上问题进行了研究。

区域数字经济发展反映的是一个地区数字经济发展的综合态势，包括数据及信息化基础设施建设、数字城市服务、城市数字化治理以及数字经济与产业融合程度等多个维度。对于企业而言，是其所处的外部环境的数字化进程。其中，数据和信息化基础设施，如5G、云计算、物联网、大数据平台等的建设和运营，是承载数字经济和线上活动的重要基础。数字经济与产业融合则涵盖了如5G、人工智能、区块链、云计算、大数据、电子信息产业、软件和信息服务业等数字产业的增长情况以及实体经济核心产业的数字化情况。一方面，完善的数字基础设施有利于数字产业的快速发展，而数字产业的发展和渗透增加了企业和外部的信息沟通渠道（谭松涛等，2016；黄宏斌 等，2020），放大了信息传播的速度和广度（胡军、王甄，2015；周冬华、赵玉洁，2016），提高了信息的可验证性（孙凡、郑济孝，2018；张学勇、吴雨玲，2018）。另一方面，完善的数字基础设施和发达的数字产业也有助于企业以更低的成本享受更加丰富的数字资源、产品和服务，促进企业数字化转型，而数字化转型可能提高企业的数据和信息开放性以及信息披露的意愿和动机（祁怀锦 等，2020）。因此，数据和信息化基础设施建设以及数字经济与产业融合可能有助于降低企业的信息不对称，进而缓解企业融资约束。此外，城市数字化治理、数字城市服务则有助于提升城市在政务、治安、信用、资源和民生等方面的治理和服务水平，降低外部环境的不确定性，优化营商环境，进而缓解企业融资约束（周泽将 等，2020）。因此，本书先来检验的问题是：是否区域数字经济发展水平越高，则企业的融资约束越弱？

更进一步，根据以上分析，区域数字经济发展对企业融资约束的影响机制有两个：缓解信息不对称和改善营商环境。

在缓解信息不对称方面，区域数字经济发展对企业的影响存在两种可能的路径，如图1-3所示。

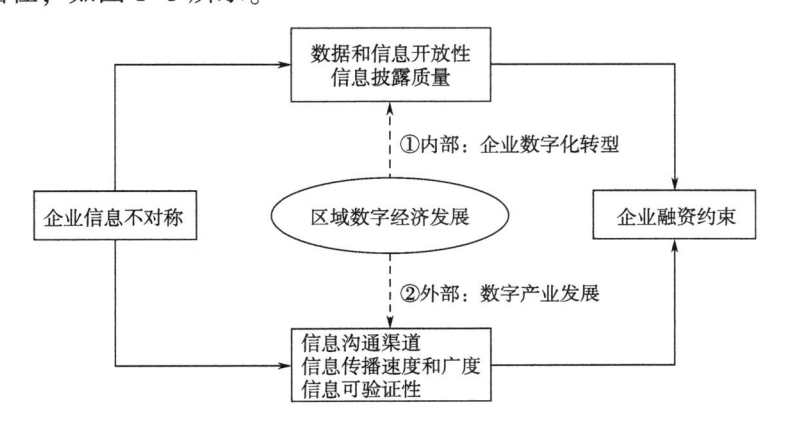

图1-3 区域数字经济发展对企业融资约束的影响机制分析

一方面，数字基础设施建设、数字经济与实体产业的"跨界融合"可能促进企业从内部进行数字化转型。由于数字技术具有开放性、共享性以及交互性等特点，企业在研发、生产、销售以及内部控制等环节的数字化有助于提高其数据和信息的开放性和透明度。此外，数字化过程实施周期较长、不确定性较大，管理层有动机提高信息披露质量以向投资者传递积极的信号（祁怀锦 等，2020）。简而言之，在图 1-3 所示的路径①中，区域数字经济发展可能促进企业从内部提高信息披露程度和信息披露质量，从而降低信息不对称、缓解融资约束。因此，区域数字经济发展可能会减少企业信息不对称对其融资约束的影响，即在其他条件不变的情况下，区域数字经济发展水平越高，企业信息不对称对融资约束的影响越小。

另一方面，数字产业如社交媒体的快速发展从外部为企业提供了更多低成本的、公平的、及时的信息沟通渠道（徐巍、陈冬华，2016），促进了信息的传播和扩散（Blankespoor et al.，2014；胡军、王甄，2015；周冬华、赵玉洁，2016）。不仅如此，数字技术在会计信息质量评估、审计等领域的应用还能够提高信息的可验证性（孙凡、郑济孝，2018；高廷帆、陈甬军，2019）。因此，区域数字经济发展可能会改善企业外部的信息传播环境，如增加信息沟通渠道、放大信息传播的速度和广度以及提高信息的可验证性等。在这种情况下，市场中信息不对称程度更低的企业，如拥有更高的信息披露意愿和信息披露质量的企业，更可能由于外部信息传播环境的改善获益。这是因为，外部信息传播环境的改善有助于投资者注意到并识别出市场中"好"的企业，减少因信息不对称而产生的逆向选择，提高市场的资金配置效率，使资金向"好"企业倾斜。具体而言，一方面，信息披露意愿高的企业可以利用社交媒体提高其信息披露的强度和密度以及信息扩散的广度来吸引投资者关注（徐巍、陈冬华，2016）、降低信息不对称（Buskirk，2012；黄宏斌 等，2020），反之，本身信息披露意愿较低的企业则可能被前者从投资者有限的注意力（Kahneman，1973）中"挤出"。另一方面，公司可能出于掩盖不正当行为、获取低成本的外部融资等原因降低信息披露质量（屈文洲、蔡志岳，2007；卢太平、张东旭，2014），而信息可验证性的提高有助于投资者识别出这些企业，减少其通过操纵信息披露获得低成本融资的可能性。基于以上原因，在图1-3所示的路径②中，区域数字经济发展可能会改善企业外部的信息传播环境，提高市场的资金配置效率，从而放大信息不对称对企业融资的影响，即在其他条件不变的情况下，区域数字经济发展水平越高，企业信息不对称对融资约束的影响越大。

可见，在不同路径下区域数字经济发展可能产生截然相反的影响。为了识别主要的影响路径，本部分继续检验区域数字经济发展水平、信息不对称与融资约束的关系。

在优化营商环境方面，区域数字经济发展可能会影响企业进入市场、生产经营、退出市场等过程中涉及的政务、法治、市场和人文环境等外部因素。例如，城市数字化治理在公安、信用、市政、应急、自然资源和生态环保等领域的应用和渗透，有助于降低政策不确定性、提高灵活性。数字城市服务则从教育、医疗、交通、民政、人社、扶贫和生活环境等多个方面，持续改善社会民生，优化人文环境。此外，营商环境的改善能够显著抑制企业的信贷成本，缓解企业融资约束（周泽将 等，2020；张美莎、徐浩，2021）。因此，本书在此将探讨区域数字经济水平、营商环境和融资约束的关系。

2. 政务数字化增加创新投入

数字政府是数字中国的重要组成部分。党的十九届四中全会明确提出，建立健全运用互联网、大数据、人工智能等技术手段进行行政管理的制度规则，推进数字政府建设。新冠疫情的暴发进一步凸显了数字政府的必要性，通过将大数据、互联网、人工智能等技术与政务管理相融合，不仅实现了对疫情的精准防控，而且实现了经济的快速复苏。政府利用平台获取的海量数据，对经济复苏主要行业、经营发展困难企业进行重点帮扶，显著提升了经济发展速度，2021年第一季度GDP达到24.93万亿元，同比增长18.3%，创下近30年来的世界纪录。中国成为疫情发生以来经济复苏最快、增长最快的国家。

早在2016年，我国各级政府就开始致力于数字政府的转型，进行"全面触网"。2016年底，全国已有362个城市建立了政务服务平台①，其中既包括经济发达的城市如北京、上海、深圳、广州等，也包括经济欠发达的城市如拉萨、呼和浩特等，政府数字化转型的决心可见一斑。截至2020年，全国数字政务指数增长速度高达63%，全国政府领域的用云量同比增长163%。更令人意外的是，处于中西部地区的数字后线城市，虽然政务数字化水平仍然不如传统东部城市，但发展势头迅猛，其数字政务指数增长速度远超东部城市，城市之间的数字鸿沟正在加速缩小。②

企业是政务服务的主要对象之一，那么，政务数字化的迅猛发展是否对企业造成了影响呢？

诸多研究表明，政府治理水平对投资、纳税等企业行为有显著影响（李正卫 等，2019；顾元媛 等，2012；陈德球 等，2012；马光荣 等，2012；Faccio et al.，2006；Fan et al.，2007），而政务数字化能明显促进政府的治理水平（赵云辉 等，2019）。这说明，从理论上讲，政府数字化转型将对企业造成冲击。李磊等（2020）研究了数字政府与外资企业的关系，发现数字政府建设能促进政府治理效率，而政府治理效率的提高能显著改善外资企业的经营业绩，从而抑制外商撤资行为。该研究为政务数字化对企业的影响提供了直接证据。

即便理论上能基本推断政务数字化与企业行为之间存在某种联系，实证研究也提供了一定程度的证据，但关于该研究议题的讨论仍然不够充分。首先，缺乏政务数字化与企业行为的实证研究。这主要是数据限制造成的。一方面，政务数字化发展的时间较短，不具备研究条件；另一方

---

① 数据来自腾讯研究院《数字中国2017》研究报告。
② 数据来自腾讯研究院《数字中国2020》研究报告。

面，度量政府数字化水平存在一定难度。其次，尽管有研究证明了政务数字化与外商投资行为之间的关系，但仅研究了小微企业，且受限于数据仅研究到 2012 年。众所周知，近年来数字技术的发展与应用已经发生了翻天覆地的变化，因此，该研究结论的适用性和普适性需要进一步验证。最后，尽管国家一再强调发挥数字技术在企业创新中的重要作用，但仍未有研究在数字技术全方位渗透政府行为的环境下，探讨其对企业创新的影响。

基于以上不足，本书采用实证检验的方式研究政务数字化对企业创新意愿的影响。

企业寻租行为的产生有两个重要条件：资源缺乏和信息不对称。

在经济欠发达地区，资源稀缺是企业向政府寻租的根本动机。与政府建立紧密的联系不仅能帮助企业获得资金、信贷、补贴和税收优惠等经营资源，还能获得一定程度的法律保护，为企业的快速发展创造有利条件（Chen et al., 2005；Li et al., 2008；罗党论 等，2009；余明桂 等，2010）。除此之外，寻租存在的另一个必要条件是信息不对称。寻租是一种扭曲资源配置的不公平行为，游走于政策制度的"灰色地带"（夏后学 等，2019），而企业和政府之所以能躲过市场监管和民众监督是由于资源分配过程和分配标准的模糊，即资源分配的信息不对称。这一信息不对称使政府在资源分配过程中掌握较强的裁量权，不仅能自由决定资源的去向，还能避免引起公众的不满（赵璨 等，2015）。

数字技术在政务领域的运用能显著降低信息不对称程度。首先，政务数字化促进政府资源分配的标准化（于冠一 等，2016）。将标准化的数据程序嵌入各个政务环节，实现高比例的自动审批，是政务数字化的特征之一。标准化程序的嵌入，削弱了政府对单个企业的裁量权，迫使其不得不遵守统一标准。同时，自动化的审批杜绝了人工对分配过程的干预，保证了分配过程的公平性。其次，政务数字化促进资源分配的透明性。将各个政务环节整合在统一的政务平台中，是政务数字化的另一个重要特征。一方面，此举能实时展示政务流程，实现资源分配过程的可视化、可追溯；另一方，能明晰每一个步骤的责任人，实现资源分配责任的可确定，并最终提升资源分配的透明性（赵云辉 等，2019）。

据此，我们能够推知，政务数字化能通过信息标准化和信息透明化抑制企业寻租行为。那么，寻租行为的抑制会对企业创新意愿产生什么样的影响呢？

一部分研究表明，寻租促进企业的创新意愿。首先，寻租能帮助企业获得各类创新所需的直接资源，例如政府补贴、税收优惠、市场准入资格、技术合作机会等（袁建国 等，2015；王德祥 等，2017）。其次，寻租能密切企业与政府的关系，帮助企业获取与创新相关的政策信息，如重点扶持的行业和领域等（王岭 等，2019）。再次，寻租能起到信号作用，增强企业的融资能力。企业通过寻租获得了大量优质资源，这些资源的获取会被市场知悉，产生信号作用，进一步提高企业的创新融资能力（熊家财 等，2020）。最后，寻租为企业提供一定程度的法律保护。对创新成果被窃取的担心显著抑制企业的创新意愿，而寻租能获得政府对企业的保护，降低竞争对手模仿、窃取创新成果的可能性，在知识产权机制不够健全的环境下保护企业的创新意愿（熊家财 等，2020；潘越 等，2015）。

也有学者认为，寻租抑制企业的创新意愿。资源诅咒理论认为，丰富的资源并不能促进企业创新，资源成为一种"诅咒"。第一，丰富的政治资源使企业更容易通过寻租提升业绩，进而放弃通过创新提升业绩的路径，抑制企业创新意愿（袁建国 等，2015）。第二，丰富的政治资源能缓解市场竞争对企业形成的压力，使得企业在较低的技术创新水平下仍然能够较好地发展，导致企业创新动力不足（杜兴强 等，2009；王岭 等，2019）。第三，丰富的资源中包括大量信贷资源，能产生充足的资金，这可能促使企业过度投资并对创新投资产生挤出效应（张敏 等，2010；何欢浪 等，2019）。第四，寻租是一项高成本的活动，企业将大量资金用于维护政企关系会挤占原本用于创新的资源，从而抑制创新行为（邓建平 等，

2009；李诗田 等，2015）。第五，寻租会导致政府和企业腐败，挤占同地区同行业其他企业的资源，进而抑制它们的创新意愿（田利辉 等，2020）。

综上所述，政务数字化虽然能抑制寻租行为，但对企业创新意愿的影响并不明晰，据此我们研究政务数字化如何通过寻租影响企业创新意愿。

3. 数字金融促进出生率

习近平总书记在《关于制定"十三五"规划建议的说明》中指出："当前，我国人口结构呈现明显的高龄少子特征，适龄人口生育意愿明显降低，妇女总和生育率明显低于更替水平。"低生育水平会导致劳动力供需不均衡、人口老龄化加快（王德文，2007），对我国长期经济增长（徐翔，2017；都阳，2005）和社会保障体系（凌文豪，2009）都带来严重威胁。虽然我国从2013年就开始放宽生育政策，但由于收入水平和抚育成本上升、城镇化和人口流动加剧，以及人们价值观念发生转变等原因，政策效果并不明显。如何提高生育意愿和生育水平成为我国持续稳定发展的关键问题。

从经济学视角来看，生育行为实质上是对家庭资源的跨期配置。例如，"养儿防老"是通过生育子女来预防老年时期的收入不确定性。现代金融的主要功能为资源的跨时空配置，因此金融发展可能影响家庭和个人的资源配置行为，进而影响其生育决策。但长期以来，由于时间、空间等条件限制，以及金融机构风险控制和追逐利润的考虑，传统金融多服务于少数精英群体，对于数量最为庞大的普通大众尤其低收入和农村群体覆盖不足（王华 等，2018；粟芳 等，2020），而后者恰好是我国的生育主力（庄亚儿 等，2014）。因此，早期的金融发展对于生育水平的影响可能不太重要。相应地，虽然已有一些研究发现子女数量会影响家庭的金融行为（Browning，1992），改变家庭对金融资产的持有和配置（贾男、周颖、杨天池，2021），但是关于金融发展如何影响生育行为还缺乏充分的研究。

近年来，数字普惠金融快速发展打破了金融的时空限制，降低了金融交易的门槛和成本（吴晓求，2015），提高了金融服务的可获得性（尹志超、张号栋，2018），具有显著的长尾效应（王华等，2018）。调查研究发现，即便在我国农村地区，数字金融也具有较高的知晓度和使用度（粟芳等，2020）。随着数字普惠金融的不断发展和渗透，其对生育水平的作用或逐渐凸显。

一方面，生育子女预期增大家庭面临的流动性约束和风险敞口，可能抑制家庭的生育意愿。数字普惠金融则有助于家庭应对可能产生的困难，从而释放生育需求。例如，数字支付使得转账汇款更加便捷且交易成本更低，有利于家庭快速获得外部帮助，从而弱化流动性约束。同时，数字信贷不仅降低了信贷的门槛，还扩大了其应用场景，提升了灵活性，从而有助于平滑家庭跨期消费，放松家庭预算约束。此外，数字保险改变了传统的保单销售模式，其产品价格更透明，投保和理赔流程更简洁，客户洞察更精准，从而有利于家庭运用保险来分摊风险，降低未来的不确定性。

另一方面，数字支付提升了支付的便利性，激励了居民做出消费决策，从而促进了消费增长（张勋、杨桐、汪晨等，2020；何宗樾、宋旭光，2020），在家庭资金有限的条件下可能挤出生育需求。并且，数字（消费）信贷也可能促进居民消费，提高家庭杠杆，导致生育意愿降低（柳清瑞、刘淑娜，2020）；而数字理财则为家庭提供了除养育子女以外的高收益投资渠道，可能产生生育替代效应。

可见，数字普惠金融对生育水平的影响较为复杂，需要进一步研究以明确其作用和影响机制。本书利用北京大学数字金融研究中心编制的数字普惠金融指数和中国各省级政府发布的2011—2019年的地区出生率数据，采用面板数据回归方法，对数字普惠金融是否以及如何影响生育水平开展实证研究。

微观经济理论认为，生育行为是家庭成员根据效用最大化原则和风险最小化原则等对有限的家庭资源进行跨期配置的结果（陈俊杰、穆光宗，

1996）。

效用最大化原则是指家庭通过对新增子女产生的成本和效用进行权衡，决定是否生育"边际子女"（Leibenstein，1957）；并在生育子女与其他家庭消费之间权衡，通过对有限的家庭资源进行分配（Becker，1960），以实现家庭效用的最大化。其中，成本既包括抚育子女需付出的实际支出，也包含因此而产生的机会成本，如由于抚育子女而损失的时间和收入等；效用则主要包括子女成长为劳动力后可带来的经济效用，老年时期被子女供养的保险效用，以及抚育子女带来的精神效用等。"成本-效用"理论是国内人口研究的重要分析框架之一，我国实行过计划生育政策，大量文献主要关注了生育二孩以及更多孩子的成本和效用问题，相关实证研究也证实了生育效用和养育成本会影响家庭和女性的再生育意愿（李静雅，2017；郑真真、李玉柱、廖少宏，2009）。

风险最小化原则的基本假设是个人或家庭具备趋利避害、寻求风险最小的"风险理性"。在此框架下，风险是影响家庭生育决策的重要原因，生育子女是为了预防生活中的各种风险，提高家庭生存的可能性。例如，抚育子女以预防老年生活保障风险，多育以形成以亲缘为纽带的互助保障机制，以及通过多育提高子女"有出息"的概率等（彭希哲、戴星翼，1995）。可以看出，以上提及的风险主要为"远虑"，事实上，年轻育龄群体较少会设想老年生活，对子女需承担的义务和责任也没有明确的要求（彭希哲、戴星翼，1993），因此，生育带来的中短期风险预期（即"近忧"）可能对家庭生育决策产生更大的影响，如健康风险、经济风险、职业风险等。

简而言之，在"理性人"视角下，生育实际上是家庭进行的一种消费和投资行为——通过"消费"获得精神效用（郑真真、李玉柱、廖少宏，2009），通过"投资"获得经济收益和风险保障。夫妻在生育子女与其他消费和投资之间对有限的家庭资源进行跨期分配，以期最大化家庭效用、最小化家庭风险。这意味着，在效用确定的条件下，如果生育成本和风险较高，则其他消费和投资选择就可能挤出家庭的生育需求；反之，如果生育成本相对可负担或风险可分摊，则可能促进家庭生育。

现代金融具有跨时空资源配置和风险分散等功能，家庭可利用金融工具平滑消费、管理风险和积累财富。然而，传统金融受限于时间和网点限制，以及风险和成本控制的考虑，难以覆盖作为生育主力的长尾人群（王华 等，2018；粟芳 等，2020；庄亚儿 等，2014）。数字普惠金融通过信息化技术和产品创新，降低了金融服务的成本和门槛，打破了传统金融的网点限制，扩大了金融服务的覆盖范围，逐步实现以可负担的成本为有金融服务需求的社会各阶层和群体提供适当的、有效的金融服务。经过不断发展深化，我国的数字普惠金融实践已经覆盖支付、保险、信贷以及理财等多个业务领域（焦瑾璞、黄亭亭、汪天都，2015），能够满足用户多方位的金融需求。因此，数字普惠金融发展很可能会改变普通家庭的资源配置行为，对其生育行为产生影响，进而影响整个社会的生育水平。

但是，由于数字普惠金融的业务领域广泛，其对生育水平的影响机制和方向较为复杂。下面分别从支付、保险、信贷、理财四个主要业务维度进行分析。

首先，生育和抚养子女将使家庭的日常支出大幅增加，对于财富累积较少或收入较低的家庭来说，容易导致流动性约束，而对于未来流动性约束的预期可能会抑制家庭的生育需求。数字支付的发展使得转账汇款更加便捷且交易成本更低，有利于家庭快速利用社会资本获得外部帮助（吴小丹、李俊文，2015），从而弱化流动性约束的影响，释放生育需求。但与此同时，数字支付提升了支付的便利性，促进了家庭消费（何宗樾、宋旭光，2020；柳清瑞、刘淑娜，2020），可能在一定程度上挤出生育需求。

其次，生育会带来一些中短期的风险预期，如孕妇或婴儿的健康风险和意外风险等。同时，女性职工的"生育惩罚效应"（刘娜和、卢玲花，2018）进一步加大了家庭的收入风险，使得家庭对于潜在的生育风险更加敏感。虽然社保能够在一定程度上降低女性劳动力的生育风险，但是直到

2019 年，我国参保生育保险的人数也只有 2.14 亿人，且仅能覆盖城镇企业的已婚女职工群体。在此背景下，商业保险的补充保障作用显得尤为重要。数字保险改变了传统商业保险的保单销售模式，其产品价格更透明、形式更多样，投保和理赔流程更简洁，客户洞察更精准，有利于家庭运用保险来处置风险，降低未来的不确定性。因此，数字保险的发展可能有助于提升生育水平。

再次，数字信贷不仅降低了信贷的门槛，扩大了其应用场景，提升了灵活性，有助于家庭平滑跨期消费，同时也提高了家庭固定资产的可变现性（张栋浩、王栋、杜在超，2020），这都能在一定程度上缓解家庭面临的流动性约束（姚健、臧旭恒，2021），释放生育需求。但与此同时，数字信贷也可能刺激负债性消费，推高家庭杠杆，导致生育意愿降低（柳清瑞、刘淑娜，2020）。

最后，数字理财提供了更多、更灵活的金融投资渠道，有利于家庭优化资产组合，促进家庭财富积累，改善生育条件。但与此同时，养育子女以外的高收益投资渠道也可能产生生育替代效应，挤出生育需求。

基于以上分析，本书尝试明晰的问题是：数字金融对生育水平的影响到底是正向还是负向的？

第四节 研究目标、方法与步骤

一、研究目标

本书研究的总目标是厘清多维数字化环境对企业创新的影响路径，在此基础上提出多维数字化环境赋能企业创新的对策，具体包括：明确企业数字化转型对企业创新的影响路径，明确环境数字化变化对企业创新的作用机制，结合企业特征提出数字化环境促进企业创新的对策，等等。

二、研究方法与步骤

本书采用公司治理、公司财务、企业创新等前沿研究方法，以规范研究和大样本实证研究为主。同时，根据研究的具体问题和本书的特点，辅之以典型案例研究。

（1）归纳演绎法。本书立足中国国情和企业特征，结合公司财务、公司治理、企业创新的相关文献，分析企业数字化转型、区域数字化转型、政务数字化转型和金融数字化转型对企业创新的影响效果、内在机理和实现路径，进而展开理论建模与实证研究。

（2）案例研究法。本书选择了一些典型的数字化转型企业进行调研，其用途主要体现在两个方面：其一，作为探索性研究，通过"解剖麻雀"的方式，为本书的理论分析和模型建立打下坚实基础；其二，作为研究假说的实证检验，也可以发现一些大样本实证研究可能忽略或难发现的研究结论，从而对大样本研究起到一定的补充作用。

（3）实证研究法。对于问题分角度、分层次，使用不同方法，如非参数检验、均值 t 检验、多元回归分析、调节效应分析、中介效应分析、倾向得分匹配（PSM）等进行研究；同时采用一阶差分法、广义矩估计（GMM）、工具变量法等，用以解决面板数据处理中容易出现的异方差性、内生性和序列相关性等问题，从而在一定程度上增强研究结论的可靠性。

第二章　企业数字化转型与创新

第一节　数字化转型与权益资本成本

创新是一项投入高、周期长的风险活动，企业在开展创新活动时，首先考虑的就是资金问题，资金充足是企业创新的重要基础。通常来说，企业的自有资金难以满足创新需求，需要通过外部融资的方式缓解资金压力。

据此，我们在本部分研究数字化转型对权益融资成本的影响，探讨企业是否可以通过数字化转型降低权益融资成本，为下一步的创新做好资金准备。

一、研究设计

1. 数据来源与样本选择

本部分以 2006—2019 年中国 A 股上市公司为研究对象。尽管 2020 年数据可得，但新冠疫情使企业的表现显著异于往年，因此予以排除。在此基础上，本部分对样本进行了如下处理：①剔除金融行业公司。②剔除相关变量有缺失的样本。③对所有变量按照 1% 和 99% 水平进行缩尾处理，排除极端值对结果的影响。本部分样本共包含 3 252 家公司。本部分的文本分析数据来自 Wingo 文构数据库，其他数据来自 CSMAR 数据库。

2. 变量定义

（1）数字化转型程度。吴非等（2021）通过对年报进行文本分析，统计"数字化转型"词频来度量数字化转型程度。尽管企业提到数字化的频率能够一定程度上反映企业对数字化的重视，但并不能体现企业为数字化转型实际进行的具体规划和努力，导致数字化转型指标度量不够精细。因此，为了进一步量化企业的数字化转型行为，本部分根据已有研究将企业数字化转型分成了四个维度。刘洋等（2020）的研究表明，企业数字化转型包括制定数字化战略、搭建数字化平台、招揽数字化人才、树立数字化文化等四个维度。企业着手数字化转型的维度越多，意味着其在数字化转型方面的努力越全面和具体。

据此，本部分从数字化战略、数字化平台、数字化人才和数字化文化四个维度对企业的数字化转型程度进行打分，每增加一个维度其数字化转型程度增加1分，满分4分。那么，如何判断企业是否在某一个维度做了相关数字化转型的努力呢？本部分通过对年报进行文本分析来辨别。例如，企业在年报中提到"数字化战略"即认为其在数字化战略维度做了数字化转型的努力，企业在年报中提到"数字化人才"即认为其在数字化人才维度做了数字化转型的努力。然而，数字化是一个较为宽泛的概念，企业只要运用了数字化技术都可被称作数字化（Wu et al., 2019），而数字技术包括大数据、互联网、物联网、云计算等，因此，企业在提及数字化战略、数字化平台、数字化文化和数字化人才时可能存在多种表现形式，如大数据战略、大数据平台、大数据文化和大数据人才等，而这些也是数字化转型各维度的具体表现，也应被赋予对应的分值。为了将这些数字化的具体表现包含在企业数字化转型程度的打分中，本部分借鉴肖土盛等（2022）的方法，以机器学习加人工筛选的方式构建数字化词典来实现。

具体而言，本部分围绕《中共中央关于制定国民经济和社会发展第十四个五年规划和二〇三五年远景目标的建议》中对数字技术的定义，以大数据、物联网、区块链、云计算为数字化种子词，在 Wingo 文构数据库中，通过数据库的机器学习技术生成数字化词典。接下来，对词典中的词汇进行人工审核，发现当词语相似度在 0.55 以上时，机器学习挑选出的词汇均为与数字化高度相关的词汇。因此，本部分以 0.55 为界限，将相似度大于 0.55 的词汇予以保留，形成最终的数字化词典。在此基础上，对样本企业年报进行文本分析，确定企业数字化转型的最终分值。当企业在年报中提及"关键词+战略"（如数字化战略、大数据战略等），则认为企业在战略维度进行了数字化转型努力，无论提及多少次，其战略转型维度赋值均为 1 分；在年报中提及"关键词+平台"（如数字化平台、大数据平台等）的，则认为企业在平台维度进行了数字化转型努力，不论提及多少次，其平台转型维度赋值均为 1 分；在年报中提及"关键词+人才"（如数字化人才、大数据人才等）的，则认为企业在人才维度进行了数字化转型努力，不论提及多少次，其人才转型维度赋值均为 1 分；在年报中提及"关键词+文化"（如数字化文化、大数据文化等）的，则认为企业在文化维度进行了数字化转型努力，不论提及多少次，其文化转型维度赋值均为 1 分。因此，企业数字化转型程度最低为 0 分，最高为 4 分。

（2）权益资本成本。毛新述等（2012）研究表明，MPEG 模型和 OJM 模型更适用于中国资本市场。因此，本部分使用 MPEG 模型和 OJM 模型来度量企业的权益资本成本。

（3）其他控制变量。参考李文贵等（2017）关于权益资本成本的研究，选取控制变量，如表 2-1 所示。

表 2-1 其他控制变量及定义方式

名称	符号	定义
企业规模	$Size$	ln（企业年末账面总资产）
资产负债率	Lev	企业年末账面总负债/企业年末账面总资产
资产收益率	ROA	企业年末净利润/企业年末账面资产总额

续表

名称	符号	定义
营业收入增长率	Growth	（企业本年末营业收入-企业上年末营业收入）/企业上年末营业收入
系统风险	Beta	CSMAR 数据库中的 Beta 值
总资产周转率	Turnover	企业本年销售收入净额/企业年末账面资产总额

3. 模型设计

本部分构建如下回归模型，其中 $Digital_{i,t}$ 为 i 公司 t 年的数字化转型程度，模型采用面板固定效应模型。

$$RE_{i,t} = \alpha_1 + \alpha_2 Digital_{i,t} + \alpha_3 Lev_{i,t} + \alpha_4 Size_{i,t} + \alpha_5 ROA_{i,t} + \alpha_6 Growth_{i,t} + \alpha_7 Beta_{i,t} + \alpha_8 Turnover_{i,t} + \varepsilon_{i,t} \quad (2-1)$$

二、实证分析

1. 描述性统计

表 2-2 报告了主回归中所有涉及变量的描述性统计结果。从中可以看到，企业的数字化转型程度的最大值为 4，最小值为 0，说明企业间数字化转型差异程度较大，有的企业尚未进行数字化转型，而有的企业已经涵盖了数字化转型的全部 4 个维度。此外，数字化转型的均值为 0.485，说明总体上中国上市公司数字化转型程度较低。

表 2-2 描述性统计

变量	观测数	均值	标准差	最小值	最大值
RE（MPEG）	19 365	0.127	0.052	0.031	0.316
RE（OJM）	18 944	0.135	0.044	0.053	0.289

续表

变量	观测数	均值	标准差	最小值	最大值
$Digital$	19 365	0.485	0.817	0.000	4.000
Lev	19 365	0.425	0.203	0.053	0.989
$Size$	19 365	22.274	1.312	19.341	25.979
ROA	19 365	0.053	0.047	-0.335	0.195
$Growth$	19 365	0.405	1.185	-0.775	10.338
$Turnover$	19 365	0.651	0.435	0.027	2.525
$Beta$	19 365	1.076	0.254	0.424	1.846

2. 主回归分析

本部分用 MPEG 模型和 OJM 模型计算样本企业的权益资本成本，然后用式（2-1）对主假说进行回归分析，结果如表 2-3 所示。可以看到，企业的数字化转型程度（$Digital$）对企业的权益资本成本（RE）有显著的负向影响，且在 1% 水平显著。这一结果支持了本部分的假说，即企业数字化转型使得企业的权益资本成本显著下降。

表 2-3 企业数字化转型程度与权益资本成本

变量	(1)	(2)
	RE（MPEG）	RE（OJM）
$Digital$	-0.005*** (-6.64)	-0.004*** (-6.64)
Lev	-0.004 (-0.80)	0.011*** (2.69)
$Size$	0.005*** (5.59)	0.001 (1.30)
ROA	-0.002 (-0.15)	-0.006 (-0.51)

续表

变量	(1) RE（MPEG）	(2) RE（OJM）
Growth	-0.002*** (-4.98)	-0.002*** (-3.81)
Beta	-0.002 (-1.28)	-0.002 (-1.09)
Turnover	0.016*** (6.10)	0.010*** (4.83)
固定效应	控制	控制
常数项	0.020 (1.11)	0.108*** (6.97)
观测值	19 365	18 947
公司数量	3 252	3 246
调整后 R^2	0.01	0.01

注：***、**、* 分别表示统计检验在1%、5%和10%的水平上显著。

3. 稳健性检验

本部分对模型（2-1）展开了一系列敏感性测试，结果如表2-4所示。

表2-4　敏感性测试

变量	(1) RE（MPEG）	(2) RE（MPEG）	(3) RE（OJM）	(4) RE（OJM）	(5) RE（CAPM）	(6) RE（CAPM）	(7) RE（CAPM）
Digital					-0.002*** (-16.12)		
Digitalf	-0.001*** (-4.73)		-0.001*** (-3.84)			-0.001*** (-7.50)	

续表

变量	(1) RE (MPEG)	(2) RE (MPEG)	(3) RE (OJM)	(4) RE (OJM)	(5) RE (CAPM)	(6) RE (CAPM)	(7) RE (CAPM)
Digitald		-0.006 2*** (-5.59)		-0.005 9*** (-6.27)			-0.004*** (-16.99)
Lev	-0.003 (-0.65)	-0.004 (-0.85)	0.012*** (2.82)	0.011*** (2.63)	0.003*** (3.56)	0.003*** (4.03)	0.003*** (3.43)
Size	0.004*** (4.57)	0.004*** (5.24)	0.000 (0.02)	0.001 (1.11)	-0.003*** (-22.99)	-0.004*** (-26.93)	-0.003*** (-22.80)
ROA	-0.003 (-0.21)	-0.001 (-0.10)	-0.006 (-0.53)	-0.005 (-0.46)	0.007*** (4.72)	0.008*** (5.07)	0.007*** (4.66)
Growth	-0.002*** (-5.01)	-0.002*** (-4.97)	-0.002*** (-3.83)	-0.002*** (-3.79)	-0.001** (-2.04)	-0.001* (-1.94)	-0.001* (-1.96)
Beta	-0.002 (-1.33)	-0.002 (-1.37)	-0.002 (-1.18)	-0.002 (-1.15)	0.063*** (174.76)	0.063*** (172.93)	0.063*** (175.29)
Turnover	0.016*** (6.19)	0.016*** (6.15)	0.011*** (4.92)	0.010*** (4.88)	0.002*** (5.21)	0.002*** (5.27)	0.002*** (5.40)
固定效应	控制	控制	控制	固定效应	控制	控制	控制
常数项	0.039** (2.18)	0.028 (1.54)	0.126*** (8.32)	0.111*** (7.26)	0.098*** (31.21)	0.107*** (34.76)	0.098*** (31.12)
观测值	19 365	19 365	18 947	18 947	26 605	26 605	26 605
公司数量	3 252	3 252	3 246	3 246	2 772	2 772	2 772
调整后 R^2	0.01	0.01	0.01	0.01	0.59	0.59	0.59

注：***、**、*分别表示统计检验在1%、5%和10%的水平上显著。

首先，本部分变换了数字化转型的度量方式，用数字化转型词频（Digitalf）、数字化转型哑变量（Digitald）来度量数字化转型程度，可以看到，不论是用MPEG模型还是用OJM模型，企业数字化转型与权益资本成本均存在显著负相关关系。

其次，本部分变换了权益资本成本的度量方式，用CAPM模型来计算企业的权益资本成本,并分别用数字化转型维度(*Digital*)、数字化转型词频(*Digitalf*)和数字化转型哑变量(*Digitald*)来对其回归,可以看到,结果均表明数字化转型降低企业的权益资本成本,且结果在1%水平上显著。

以上测试再次支持了本部分的假说,并证明本部分的结果稳健可靠。

4. 内生性检验

尽管上文已经证明,企业的数字化转型程度能显著降低权益资本成本,但存在这样一种可能性,即权益资本成本低的企业更容易获得数字化转型所需经费,更愿意进行数字化转型。因此,本部分使用工具变量法对结论进行内生性检验。本部分选择企业所在城市-年度的软件业务收入对数(*Software*)作为企业数字化转型程度(*Digital*)的工具变量。首先,软件投入是企业数字化转型中不可或缺的部分,企业在选择采购软件时往往会优先考虑所在城市的软件供应商,以获取更便利的安装和售后服务。其次,并没有证据表明企业所在地的软件行业收入会影响企业的权益资本成本。因此,城市-年度的软件行业收入符合工具变量条件。

如表2-5所示,城市-年度软件行业收入(*Software*)与企业数字化转型程度(*Digital*)有正相关关系,且在1%水平上显著,说明该工具变量的选择是合理的。在加入工具变量后,企业的数字化转型程度(*Digital*)对企业的权益资本成本(*RE*)仍然存在负向影响,且在10%和1%水平上显著说明在考虑了内生性问题后,本部分的假说仍然成立。

表2-5 工具变量检验

变量	一阶段回归 (1)	二阶段回归 (2)	一阶段回归 (3)	二阶段回归 (4)
	Digital	*RE*(MPEG)	*Digital*	*RE*(OJM)
Digital		-0.024* (-1.81)		-0.053*** (-7.83)

续表

变量	一阶段回归 （1） Digital	二阶段回归 （2） RE（MPEG）	一阶段回归 （3） Digital	二阶段回归 （4） RE（OJM）
Software	0.218*** (12.02)		0.222*** (11.98)	
Lev	0.051 −0.56	−0.002 (−0.26)	0.048 (0.520)	0.012 −1.58
Size	0.304*** (14.78)	0.030*** (7.41)	0.302*** (14.47)	0.023*** (6.79)
ROA	−0.191 (−0.84)	−0.053** (−2.39)	−0.147 (−0.46)	−0.041** (−2.16)
Growth	−0.006 (−0.78)	−0.002*** (−3.27)	−0.006 (−0.81)	−0.002*** (−2.81)
Beta	0.107*** (3.01)	0.001 −0.39	0.107*** (2.96)	0.002 −0.6
Turnover	−0.179*** (−4.12)	−0.001 (−0.05)	−0.180*** (−4.09)	−0.003 (−0.74)
常数项	−9.854*** (−29.81)	−0.501*** (−5.89)	−9.854*** (−29.41)	−0.358*** (−4.94)
固定效应	控制	控制	控制	控制
观测值	7 654	7 654	7 500	7 500
公司数量	1 490	1 490	1 486	1 486
调整后 R^2	0.01	0.01	0.02	0.01

注：***、**、*分别表示统计检验在1%、5%和10%的水平上显著。

5. 剔除 IT 软件行业影响

不同企业的数字化原始属性不同，例如，IT类软件类企业与数字化天然存在紧密联系，这类企业在年报中提及数字化时，可能只是阐述公司的运营及业务状况，为了避免这类样本对研究结论可能造成的干扰，本部分将 IT 类软件类企业从样本中剔除进行稳健性检验，检验结果如表 2-6 所示。从表中可以看到，企业数字化转型仍然能显著降低权益资本成本，支持本部分假说。

表 2-6 剔除 IT 软件企业的稳健性检验

变量	(1) RE(MPEG)	(2) RE(OJM)	变量	(1) RE(MPEG)	(2) RE(OJM)
$Digital$	-0.004*** (-5.73)	-0.004*** (-6.14)	$Beta$	-0.002 (-0.83)	-0.001 (-0.70)
Lev	-0.002 (-0.49)	0.012*** (2.89)	$Turnover$	0.015*** (5.82)	0.010*** (4.56)
$Size$	0.005*** (5.53)	0.001 (1.19)	固定效应	控制	控制
ROA	0.001 (0.04)	-0.006 (-0.49)	常数项	0.015 (0.79)	0.107*** (6.64)
$Growth$	-0.002*** (-4.48)	-0.001*** (-3.27)	观测值	18 088	17 686
			公司数量	3 046	3 042
			调整后 R^2	0.01	0.01

注：***、**、*分别表示统计检验在 1%、5%和 10%的水平上显著。

6. 机制检验

如前文所述，企业数字化转型可能影响投资效率、经营风险和披露效率，从而降低权益资本成本。本部分对这三种可能的机制进行检验，进一步明晰企业数字化转型对权益资本成本的作用机理。

前文理论分析表明，企业数字化转型有助于提高企业的投资效率，降低投资者要求的风险回报率，从而降低权益资本成本。若该机制成立，则当企业原本的投资效率较高时，数字化转型的作用较为有限；而当企业投资效率较低时，数字化转型更可能发挥作用，即提高其投资效率，进而降低其权益资本成本。这意味着更容易在投资效率较低的企业中观察到数字化转型对权益资本成本的降低作用；而在投资效率较高的企业中，数字化转型对权益资本成本的作用可能不明显。

借鉴 Richardson（2006）的方法来度量企业的投资效率（IOE），通过分组和交互项两种方式对投资效率机制进行检验，结果如表 2-7 所示。

表 2-7 投资效率机制检验

变量	（1）	（2）	（3）投资效率低组	（4）投资效率高组	（5）投资效率低组	（6）投资效率高组
	RE（MPEG）	RE（OJM）	RE（MPEG）	RE（MPEG）	RE（OJM）	RE（OJM）
$Digital$	-0.003*** (-3.50)	-0.003*** (-3.78)	-0.005*** (-4.77)	-0.002* (-1.94)	-0.005*** (-4.97)	-0.002** (-2.17)
$Digital \times IOE$	-0.021*** (-3.15)	-0.017*** (-2.87)				
IOE	0.001 (0.04)	0.007 (0.89)				
Lev	0.004 (0.75)	0.017*** (3.75)	0.004 (0.48)	0.013 (1.53)	0.016** (2.43)	0.027*** (3.64)
$Size$	0.005*** (5.32)	0.001 (1.15)	0.004*** (3.15)	0.005*** (3.48)	0.001 (0.73)	0.001 (0.28)
ROA	-0.005 (-0.31)	-0.012 (-0.94)	-0.021 (-0.96)	0.023 (0.99)	-0.026 (-1.37)	0.007 (0.33)
$Growth$	-0.002*** (-3.46)	-0.001** (-2.53)	-0.003*** (-4.32)	-0.001 (-1.22)	-0.002*** (-3.27)	-0.001 (-0.83)
$Beta$	-0.004* (-1.82)	-0.002 (-0.94)	0.001 (0.17)	-0.004 (-1.42)	-0.001 (-0.28)	0.001 (0.11)
$Turnover$	0.018*** (6.20)	0.012*** (4.96)	0.017*** (3.96)	0.017*** (4.31)	0.011*** (2.93)	0.011*** (3.23)
固定效应	控制	控制	控制	控制	控制	控制
常数项	0.011 (0.52)	0.104*** (6.04)	0.024 (0.82)	0.008 (0.24)	0.107*** (4.42)	0.109*** (4.10)

续表

变量	(1)	(2)	(3) 投资效率低组	(4) 投资效率高组	(5) 投资效率低组	(6) 投资效率高组
	RE（MPEG）	RE（OJM）	RE（MPEG）	RE（MPEG）	RE（OJM）	RE（OJM）
观测值	16 337	15 962	8 303	8 034	8 114	7 848
公司数量	2 916	2 909	2 616	2 353	2 603	2 335
调整后 R^2	0.01	0.01	0.01	0.01	0.01	0.01

注：***、**、* 分别表示统计检验在1%、5%和10%的水平上显著。

从表2-7第（1）列和第（2）列可以看到，企业数字化转型与投资效率的交互项在1%水平上显著负向影响企业的权益资本成本。从第（3）列到第（6）列可以看到，在投资效率低的组，数字化对权益资本成本的抑制作用在1%水平显著，而该抑制作用在投资效率高组的显著性水平仅有10%和5%。以上结果说明，数字化转型对权益资本成本的抑制作用在投资效率较低的企业更明显，投资效率机制得到验证。

为了进一步提高机制检验结果的可靠性，本部分将数字化指数替换为虚拟变量（$digital\_dummy$），即企业有数字化转型赋值为1，否则为0，来进一步对已发现的投资效率机制进行稳健性检验，结果如表2-8所示。可以看到，无论使用MPEG模型还是OJM模型，数字化对权益资本成本的抑制作用对投资效率低的企业更明显，与上文结论一致。

表2-8 投资效率机制稳健性检验

变量	(1)	(2)	(3) 投资效率低组	(4) 投资效率高组	(5) 投资效率低组	(6) 投资效率高组
	RE（MPEG）	RE（OJM）	RE（MPEG）	RE（MPEG）	RE（OJM）	RE（OJM）
$Digital\_dummy$	-0.003*** (-3.50)	-0.003*** (-3.78)	-0.005*** (-2.98)	-0.003** (-1.98)	-0.006*** (-3.53)	-0.004** (-1.78)
$Digital\_dummy \times IOE$	-0.021*** (-3.15)	-0.016 7*** (-2.87)				

续表

变量	(1) RE(MPEG)	(2) RE(OJM)	(3) 投资效率低组 RE(MPEG)	(4) 投资效率高组 RE(MPEG)	(5) 投资效率低组 RE(OJM)	(6) 投资效率高组 RE(OJM)
IOE	0.001 (0.04)	0.007 (0.89)				
Lev	0.004 (0.75)	0.017*** (3.75)	0.004 (0.49)	0.012 (1.47)	0.016** (2.43)	0.026*** (3.54)
Size	0.005*** (5.32)	0.001 (1.15)	0.004*** (2.74)	0.005*** (3.49)	0.001 (0.37)	0.001 (0.47)
ROA	−0.005 (−0.31)	−0.012 (−0.94)	−0.021 (−0.94)	0.023 (0.99)	−0.025 (−1.35)	0.006 (0.32)
Growth	−0.001*** (−3.46)	−0.001** (−2.53)	−0.003*** (−4.32)	−0.001 (−1.21)	−0.002*** (−3.27)	−0.001 (−0.80)
Beta	−0.004* (−1.82)	−0.002 (−0.94)	0.001 (0.08)	−0.004 (−1.42)	−0.001 (−0.35)	0.001 (0.12)
Turnover	0.018*** (6.20)	0.012*** (4.96)	0.018*** (4.01)	0.017*** (4.33)	0.011*** (2.99)	0.011*** (3.26)
固定效应	控制	控制	控制	控制	控制	控制
常数项	0.011 (0.52)	0.104*** (6.04)	0.036 (1.25)	0.008 (0.26)	0.116*** (4.79)	0.105*** (3.96)
观测值	16 337	15 962	8 303	8 034	8 114	7 848
公司数量	2 916	2 909	2 616	2 353	2 603	2 335
调整后 R^2	0.01	0.01	0.01	0.01	0.01	0.01

注：***、**、*分别表示统计检验在1%、5%和10%的水平上显著。

前文理论分析表明，企业数字化转型有助于缓解企业的经营风险，降低投资者要求的风险补偿，进而降低权益资本成本。若该机制成立，则企业的经营风险水平将显著调节数字化转型对其权益资本成本的影响。也就是说，当企业原本的经营风险较高时，数字化转型的作用空间更大，更可能缓解企业的经营风险,进而降低权益资本成本;反之,当企业原本经营风险已经较低时,数字化转型的作用可能比较有限。

企业的经营风险与盈利波动性相关(John et al., 2008)。据此,本部分用盈利波动($Risk$)来衡量企业的经营风险。通过分组和交互项两种方式对经营风险机制进行检验,结果如表 2-9 所示。

表 2-9 经营风险机制检验

变量	(1)	(2)	(3)	(4)	(5)	(6)
			经营风险低组	经营风险高组	经营风险低组	经营风险高组
	RE(MPEG)	RE(OJM)	RE(MPEG)	RE(MPEG)	RE(OJM)	RE(OJM)
$Digital$	-0.002 (-1.29)	-0.002 (-1.63)	-0.004*** (-3.39)	-0.002*** (-2.98)	-0.003*** (-3.15)	-0.003*** (-2.68)
$Digital \times Risk$	-0.003 (-1.36)	-0.002 (-1.08)				
$Risk$	0.006** (2.17)	0.007*** (3.11)				
Lev	0.011* (1.83)	0.023*** (4.42)	0.003 (0.38)	0.020** (2.51)	0.017** (2.13)	0.026*** (3.75)
$Size$	0.006*** (5.97)	0.001 (1.41)	0.009*** (5.26)	0.006*** (4.16)	0.003** (2.16)	0.002 (1.38)
ROA	-0.009 (-0.59)	-0.013 (-0.99)	-0.006 (-0.30)	-0.017 (-0.60)	-0.015 (-0.93)	-0.005 (-0.19)
$Growth$	-0.002*** (-4.75)	-0.002*** (-3.63)	-0.0023*** (-3.62)	-0.002*** (-3.05)	-0.002*** (-2.87)	-0.002** (-2.45)
$Beta$	-0.002 (-0.87)	-0.001 (-0.20)	0.002 (0.46)	-0.005* (-1.71)	0.001 (0.33)	-0.001 (-0.55)
$Turnover$	0.020*** (6.48)	0.013*** (4.98)	0.022*** (4.71)	0.025*** (5.64)	0.015*** (3.77)	0.017*** (4.46)
固定效应	控制	控制	控制	控制	控制	控制
常数项	-0.027 (-1.15)	0.088*** (4.40)	-0.078** (-2.10)	-0.028 (-0.86)	0.050 (1.51)	0.075*** (2.73)

续表

变量	(1)	(2)	(3)	(4)	(5)	(6)
			经营风险低组	经营风险高组	经营风险低组	经营风险高组
	RE（MPEG）	RE（OJM）	RE（MPEG）	RE（MPEG）	RE（OJM）	RE（OJM）
观测值	14 014	13 673	6 533	7 481	6 342	7 331
公司数量	2 457	2 452	1 832	1 941	1 823	1 936
调整后 R^2	0.01	0.01	0.02	0.02	0.01	0.01

注：***、**、* 分别表示统计检验在 1%、5% 和 10% 的水平上显著。

从表 2-9 中的第（1）列和第（2）列可以看到，不论使用哪种模型度量企业的权益资本成本，数字化与经营风险的交互项对企业的权益资本成本均没有显著影响。从第（3）列到第（6）列可以看到，无论在经营风险高组还是低组，数字化对企业权益资本成本的抑制作用均在 1% 水平显著，没有明显差异。以上结果说明，经营风险机制未得到支持。

前文理论分析表明，企业数字化转型有助于提升企业的信息披露效率，降低企业与投资者之间的信息不对称程度，进而降低权益资本成本。若该机制成立，则数字化转型对权益资本成本抑制的作用，将在信息不对称程度不同的企业中存在显著差异。即，企业与投资者之间的信息不对称程度越高，则越可能观察到数字化转型对权益融资成本的降低作用；而当企业与投资者之间的信息不对称程度越低时，数字化对权益资本成本的抑制作用越不明显。

本部分用分析师关注（$ANALYST$）来代表企业与投资者之间的信息不对称程度。通过分组和交互项两种方式对披露效率机制进行检验，结果如表 2-10 所示。

从表 2-10 中的第（1）列和第（2）列可以看到，无论使用哪种模型度量企业的权益资本成本，数字化与分析师关注的交互项对企业的权益资本成本均没有显著影响。从第（3）列到第（6）列可以看到，不论在分析师关注高组还是低组，数字化对企业权益资本成本的抑制作用均在 1% 的水平显著,没有明显差异。以上结果说明,披露效率机制未得到支持。

表 2-10 披露效率机制检验

变量	(1)	(2)	(3)分析师关注低组	(4)分析师关注高组	(5)分析师关注低组	(6)分析师关注高组
	RE(MPEG)	RE(OJM)	RE(MPEG)	RE(MPEG)	RE(OJM)	RE(OJM)
$Digital$	-0.003 (-1.55)	-0.002 (-1.61)	-0.004*** (-5.83)	-0.009*** (-4.26)	-0.004*** (-6.10)	-0.007*** (-3.70)
$Digital \times ANALYST$	-0.001 (-1.29)	-0.001 (-1.15)				
$ANALYST$	0.008*** (10.75)	0.007*** (9.79)				
Lev	-0.002 (-0.33)	0.013*** (3.14)	-0.005 (-0.86)	-0.004 (-0.30)	0.012** (2.56)	0.010 (0.83)
$Size$	0.003*** (3.46)	-0.001 (-0.62)	0.004*** (4.73)	0.008*** (2.96)	0.001 (0.61)	0.003 (1.22)
ROA	-0.043*** (-3.05)	-0.038*** (-3.25)	0.005 (0.29)	-0.064 (-1.60)	-0.001 (-0.02)	-0.059* (-1.78)
$Growth$	-0.002*** (-4.66)	-0.001*** (-3.53)	-0.002*** (-3.99)	-0.001 (-1.12)	-0.002*** (-3.22)	0.001 (0.07)
$Beta$	-0.003* (-1.87)	-0.002 (-1.59)	-0.001 (-0.62)	-0.014*** (-2.63)	-0.001 (-0.91)	-0.010** (-2.12)
$Turnover$	0.015*** (6.02)	0.010*** (4.72)	0.016*** (5.64)	0.008 (0.99)	0.011*** (4.79)	0.003 (0.47)
固定效应	控制	控制	控制	控制	控制	控制
常数项	0.043** (2.29)	0.126*** (8.03)	0.032 (1.60)	-0.046 (-0.76)	0.118*** (7.12)	0.069 (1.26)
观测值	19 365	18 947	15 466	3 899	15 156	3 791
公司数量	3 252	3 246	2 880	1 949	2 872	1 935
调整后 R^2	0.02	0.02	0.01	0.02	0.01	0.01

注:***、**、* 分别表示统计检验在1%、5%和10%的水平上显著。

7. 进一步研究

以上分析证明，企业数字化转型能显著抑制权益资本成本。然而，权益资本成本是根据模型估算出来的，是理论上的权益资本成本，那么，在现实经营活动中，企业的权益资本成本是否下降了呢？尽管本部分无法获取与现实完全对应的权益资本成本，但可以通过观察企业的融资行为来进行判断。当权益资本成本下降时，企业很可能会增加权益融资规模。据此，本部分进一步研究了数字化与权益融资规模、债务融资规模的关系。本部分将式（2-1）中的被解释变量替换为企业的权益融资规模和债务融资规模来进行分别分析，结果如表2-11所示。表2-11报告了企业数字化转型程度对融资规模的影响，可以看到，数字化转型程度显著促进了企业权益融资规模的增加，而对债务融资规模并没有显著作用。

表 2-11 权益融资规模的进一步分析

变量	（1）	（2）
	Equity	Debt
$Digital$	1.029***	0.094
	(9.71)	(0.98)
控制变量	控制	控制
行业效应	控制	控制
年度效应	控制	控制
常数项	-32.982***	-12.697***
	(-14.89)	(-7.06)
观测值	19 365	19 365
调整后 R^2	0.09	0.35

注：1. ***、**、* 分别表示统计检验在1%、5%和10%的水平上显著。
2. 因篇幅限制，此处控制变量结果予以省略。

8. 结论

本部分以中国2006—2019年A股上市公司为研究对象，利用机器学习技术对企业年报进行文本分析，从"数字化战略"、"数字化平台"、"数字化人才"和"数字化文化"等四个维度度量企业的数字化转型程度，探讨数字化转型对企业权益资本成本的影响，发现企业数字化转型程度显著降低权益资本成本，这种效应在投资效率较低的企业中更显著。进一步研究表明，权益资本成本的降低促进了权益融资规模的增加。

第二节　数字化转型与债务违约

当企业通过权益融资获得了创新资金并切实加大创新投入，获得可观的创新产出后，如何保持持续创新的势头，通过不断创新延续企业的生命力成为后续需要关注的问题。

正如前文提到的，企业的创新活动需要借助权益融资来完成，而债务是否违约往往是权益融资者考量企业的重要指标。债务违约率低说明企业本身偿债能力强，经营状况良好，具有投资价值。

据此，本部分着重研究数字化转型对企业债务违约行为的影响，探讨企业是否可以通过数字化转型降低债务违约水平，以便更好地取得股权投资者信任。

一、研究设计

1. 数据来源与样本选择

本部分的样本区间是 2010—2021 年，样本对象是沪深 A 股上市公司，用以实证检验数字化转型与企业的债务违约风险两者之间的关系。本部分从公司年报中提取数字化转型关键词来度量数字化转型水平。相关的财务数据下载于 CSMAR 数据库，本部分剔除了金融类样本企业、剔除会计年度内发生过或持续至会计期间结束依然 ST 或 *ST 或 PT 股、上市不满一年、已经退市或被暂停上市的公司、剔除财务数据缺失的样本，并对样本变量上下 1% 的数据进行了 Winsorize 缩尾处理。

2. 变量定义

解释变量方面，本部分选择借鉴吴非等（2021）的衡量方式，参考吴非构建的数字化转型关键词词库，主要划分为五个维度，即人工智能技术、大数据技术、云计算技术、区块链技术、数字技术等 76 个数字化相关词频。利用 Python 技术归集整理上市公司年报，使用 JAVA PDF box 提取年报文本，利用构建的词库，从年报中提取数字化转型关键词，并剔除关键词前存在否定词汇或者非本公司的关键词，在此基础上对关键词词频加总并进行对数化处理。

被解释变量方面，参考张庆君和白文娟（2020）的研究，本部分的债务违约风险（EDF）由 KMV 模型计算得到。本部分按照管理层持股比例（M_Share）的中位数将样本分为两组，持股比例大于中位数则取 1，小于中位数则取 0。

控制变量方面，参考吴非等（2021）、张永珅等（2021）、孟庆斌等（2019）、王化成等（2019）的相关研究，对以下相关变量进行了控制：企业规模（$Size$）、企业成熟度（$Listage$）、资产流动性（$Liquity$）、企业杠杆（Lev）、企业成长性（$Growth$）、营业利润率（$Operating$）、现金流状况（$Cashflows$）、独立董事比例（Dl）、是否两职合一（$Dual$）、股权集中度（$Cent$）、审计意见（$Audit$），具体定义见表 2-12。

表 2-12　主要变量定义

类别	符号	名称	定义
因变量	DCG	企业数字化转型	ln（1+数字化转型关键词词频）
自变量	EDF	债务违约风险	本部分采用 KMV 模型计算得到

续表

类别	符号	名称	定义
控制变量	Asset	企业规模	期末总资产取自然对数
	Listage	企业成熟度	ln（1+上市年限）
	Liquity	资产流动性	流动资产与资产总额的比值
	Lev	企业杠杆	负债总额与权益总额的比值
	Growth	企业成长性	主营业务收入增长率
	Operating	营业利润率	营业利润/营业收入
	Cashflows	现金流状况	经营活动产生的现金流金额/期初总资产
	Dl	独立董事比例	独立董事人数/董事总人数
	Dual	是否两职合一	虚拟变量，如果公司的董事长与公司的总经理由同一个人担任，则取值为1，否则取值为0
	Cent	股权集中度	第一大股东持股比例
	Audit	审计意见	如果出具标准审计意见则取1，否则取0

3. 模型设计

本部分构建下列多元回归模型，验证数字化转型对债务违约风险的影响。

$$EDF_t = \alpha_0 + \alpha_1 DCG_t + \alpha_2 Asset_t + \alpha_3 Listage_t + \alpha_4 Liquity_t + \alpha_5 Lev_t + \alpha_6 Growth_t + \alpha_7 Operating_t + \alpha_8 Cashflows_t + \alpha_9 Dl_t + \alpha_{10} Dual_t + \alpha_{11} Cent_t + \alpha_{12} Audit_t + \Sigma Year + \Sigma Ind + \varepsilon$$

(2-2)

其中，EDF 为债务违约风险，DCG 为企业数字化转型水平指标，$Year$ 和 Ind 分别为年份和行业固定效应。

二、实证分析

1. 描述性统计

从表2-13中可以看到，一共是26 280个样本观测值，债务违约风险

(EDF) 的最大值为 1，最小值为 0，EDF 的标准差为 0.290，说明企业陷入债务违约的概率存在较大差异。企业数字化转型（DCG）的均值为 1.320，标准差为 1.400，最大值为 5.080，说明不同上市公司的数字化水平有较大差异，并且存在部分企业尚未开展数字化转型。

表 2-13 描述性统计

变量	观测值个数	均值	标准差	最小值	中位数	最大值
EDF	26 280	0.210	0.290	0.000	0.080	1.000
DCG	26 280	1.320	1.400	0.000	1.100	5.080
$Asset$	26 280	21.590	1.460	18.240	21.450	25.710
$Listage$	26 280	2.310	0.660	1.100	2.400	3.330
$Liquity$	26 280	0.560	0.200	0.090	0.570	0.950
Lev	26 280	1.190	1.290	0.060	0.780	7.900
$Growth$	26 280	0.170	0.420	−0.590	0.110	2.710
$Operating$	26 280	0.070	0.200	−1.100	0.070	0.600
$Cashflows$	26 280	0.050	0.080	−0.210	0.050	0.300
Dl	26 280	0.380	0.050	0.330	0.360	0.570
$Dual$	26 280	0.260	0.440	0.000	0.000	1.000
$Cent$	26 280	34.09	14.850	8.480	31.900	74.240
$Audit$	26 280	0.970	0.180	0.000	1.000	1.000

2. 回归分析

表 2-14 列示了回归结果。表 2-14 中列（1）的结果显示企业数字化转型（DCG）的系数为 −0.007 4，在 1% 的水平上显著，这表明，推进数字化建设的程度越高，会在一定程度上降低企业的债务违约风险。

表 2-14 列（2）显示企业管理层持股比例与数字化转型的交乘项（DCG_M_Share）与债务违约风险的回归系数在 5% 的水平上显著为正，表明当企业的管理层持股比例比较低时，数字化转型更能显著降低企业的债

务违约风险。

表 2-14　回归分析结果

变量	(1) EDF	(2) EDF	变量	(1) EDF	(2) EDF
DCG	-0.007 4*** (-6.79)	-0.009 5*** (-5.80)	Cashflows	-0.276 4*** (-16.08)	-0.277 4*** (-16.14)
DCG_M_Share		0.003 5** (2.00)	Dl	0.011 7 (0.46)	0.012 0 (0.47)
M_Share		0.001 2 (0.30)	Dual	-0.002 8 (-1.00)	-0.003 3 (-1.18)
Asset	0.059 2*** (40.57)	0.059 4*** (40.60)	Cent	0.000 4*** (4.49)	0.000 5*** (4.72)
Listage	-0.030 8*** (-13.70)	-0.029 0*** (-11.36)	Audit	0.019 2** (1.97)	0.019 1** (1.97)
Liquity	-0.060 2*** (-7.37)	-0.060 1*** (-7.37)	常数项	-1.205 1*** (-37.04)	-1.213 7*** (-37.21)
Lev	0.105 8*** (51.27)	0.105 8*** (51.25)	年份	控制	控制
Growth	0.009 6** (2.48)	0.009 2** (2.39)	行业	控制	控制
Operating	-0.038 6*** (-4.95)	-0.038 9*** (-4.99)	N	26 280	26 280
			F	327.21***	313.98***
			调整后 R^2	0.510 7	0.510 8

注：*、**、*** 分别表示在10%、5%和1%的水平上显著，括号中为t值。

3. 稳健性检验

通过上述回归分析，数字化降低违约风险得到了验证，为了增加结论的可信服度和稳健性，本部分主要采取了下列的稳健性检验。

区别于吴非（2021）从五个维度构建数字化转型指数，本部分借鉴赵宸宇等（2021）的研究，从数字技术应用、互联网商业模式、智能制造、现代信息系统四个维度、共 99 个数字化相关词频重新度量数字化转型这一变量，回归结果如表 2-15 中的列（1）所示。其中，企业数字化转型（$DCGl$）的回归系数是 -0.005 6，在 1% 的水平上显著，再次验证了企业数字化转型降低债务违约风险的结论。

借鉴吴锡皓、陈佳馨（2022），Altman（1967）的做法，本部分采用 Zscore 指数衡量企业违约风险，其计算公式为：$Z = 1.2$ 营运资金/总资产+1.4 留存收益/总资产+3.3 息税前利润/总资产+0.6 权益市场价值/总负债账面价值+0.999 营业收入/总资产。

Z 值越大，代表企业的违约风险越小，所以使用 Zscore 指数再次度量债务违约风险，回归结果如表 2-15 中的列（2）所示，企业数字化转型（DCG）的回归系数是 0.069 7，在 5% 的水平上显著，表明前述结论是稳健可靠的。

在中国的经济背景下，北上广深等一线城市数字经济发展水平、营商环境、市场化水平更高，优化企业的外部融资环境，一线城市的债务违约风险水平较低。同时，一线城市配备更优越的数字配套基础设施、法治环境较为健全，因此对于位于一线城市的企业而言，进行数字化转型的平台基础更好，企业在数字化转型中所遇到的阻碍更小。所以，和其他城市对比，一线城市企业的数字化发展水平不具备普遍适用性。为了剔除这种影响，本部分删除了企业所在城市位于一线城市的样本企业，对样本进行重新回归，回归结果如表 2-15 中的列（3）所示。实证分析结果表明，数字化转型对债务违约风险的降低效应不受城市发展水平的干扰。

企业年报披露信息的可信度受到会计信息披露质量的影响，多数情况下，出于逐利动机，管理层为了隐匿坏消息或者夸大利好消息，可能通过操纵公司的年报进而达到目的。高管会在年报中提及企业的数字化转型进度以及未来的转型战略，从年报中提取关键词虽然在一定程度上可以反映数字化转型程度，但也会受到企业战术性进行信息披露行为的干扰，例如公司年报展示的数字化程度可能比真实推进的程度要高。本部分借鉴袁淳等（2021）的研究，对信息披露考评结果较差的样本进行剔除，仅保留评级为A、B的样本数据，表2-15列（4）显示，在除去考评结果较差的部分样本后，数字化转型（DCG）的系数在1%的水平上显著为负。这表明基准回归中的结果依旧成立。

表2-15 稳健性检验

变量	(1) EDF 替换解释变量	(2) Zscore 替换被解释变量	(3) EDF 剔除一线城市	(4) EDF 剔除信息披露考评结果较差的样本
DCG1	-0.005 6*** (-4.41)			
DCG		0.069 7** (2.39)	-0.005 6*** (-4.20)	-0.007 0*** (-5.83)
Asset	0.059 1*** (40.18)	-1.282 0*** (-40.50)	0.070 3*** (41.62)	0.045 3*** (23.99)
Listage	-0.031 4*** (-13.79)	0.611 2*** (10.87)	-0.030 7*** (-11.65)	-0.028 0*** (-9.95)
Liquity	-0.061 9*** (-7.59)	5.239 5*** (25.12)	-0.073 9*** (-7.68)	-0.078 6*** (-7.98)
Lev	0.106 0*** (51.37)	-0.943 5*** (-33.15)	0.103 6*** (44.57)	0.148 6*** (50.87)
Growth	0.009 3** (2.42)	-0.093 4 (-1.07)	0.009 4** (2.05)	0.007 2 (1.29)
Operating	-0.038 2*** (-4.90)	4.471 0*** (16.16)	-0.058 2*** (-5.98)	-0.008 0 (-0.70)
Cashflows	-0.276 1*** (-16.05)	9.627 3*** (20.86)	-0.299 0*** (-14.38)	-0.216 7*** (-10.15)
Dl	0.008 9 (0.35)	2.382 2*** (4.08)	0.026 2 (0.91)	0.063 3** (2.23)

续表

变量	(1) EDF 替换解释变量	(2) $Zscore$ 替换被解释变量	(3) EDF 剔除一线城市	(4) EDF 剔除信息披露考评结果较差的样本
$Dual$	-0.003 5 (-1.26)	0.177 5** (2.16)	-0.001 7 (-0.51)	-0.007 0** (-2.32)
$Cent$	0.000 5*** (4.64)	0.006 4*** (3.12)	0.000 9*** (7.79)	0.000 6*** (4.83)
$Audit$	0.019 7** (2.03)	-0.874 1*** (-4.04)	0.018 2* (1.69)	0.000 0
常数项	-1.192 0*** (-36.84)	28.147 0*** (37.22)	-1.450 2*** (-39.08)	-0.950 9*** (-23.73)
年份	控制	控制	控制	控制
行业	控制	控制	控制	控制
N	26 280	26 280	19 255	16 622
F	327.12***	151.72***	335.86***	222.32***
调整后 R^2	0.510	0.302	0.534	0.546

注：***、**、* 分别表示统计检验在1%、5%和10%的水平上显著。

4. 内生性检验

上述的理论推导以及实证回归结果表明，数字化水平的提高有利于降低企业的债务违约风险，模型虽然对企业的相关财务指标、治理结构实施控制，但模型设计还是会存在遗漏变量，并且违约概率小的企业在一定程度上会开展数字化建设，本部分采用工具变量法来缓解因遗漏变量和反向因果而导致的内生性问题。

本部分借鉴唐松等（2020）的做法，选取各省的互联网普及率作为工具变量，数据来源于《中国互联网络发展状况统计报告》，该工具变量的选取较为合理：一是互联网普及率可以反映出地区数字基础设施建设程度，与企业数字化转型的发展趋势关系紧密，且 DWH 检验结果 chi^2（1）值为 131.458，P 值为 0.000 0，表明存在内生性，弱工具变量检验得出 F 值是 274.626，P 值是 0.000 0，表明选择的这个工具变量与数字化转型两者之间存在较强的相关关系；二是地区的互联网发展水平不会直接影响企业债务违约风险。表 2-16 列示了回归结果，第（1）列是各省互联网普及率（NETRATE）对企业数字化转型（DCG）的回归结果，两者之间是显著的正相关关系；第（2）列显示数字化转型的系数为-0.138 2，在 1%的水平上显著，数字化转型能够降低债务违约风险。

表 2-16 内生性处理

变量	（1）第一阶段 DCG	（2）第二阶段 EDF	变量	（1）第一阶段 DCG	（2）第二阶段 EDF
$NETRATE$	0.009 7*** (16.57)		$Cashflows$	-0.365 0*** (-4.04)	-0.318 0*** (-14.79)
DCG		-0.138 2*** (-9.92)	Dl	0.774 8*** (6.12)	0.127 4*** (4.06)
$Asset$	0.137 0*** (24.48)	0.077 7*** (32.58)	$Dual$	0.166 8*** (10.42)	0.020 9*** (4.66)
$Listage$	-0.077 7*** (-6.51)	-0.041 9*** (-13.85)	$Cent$	-0.005 2*** (-10.73)	-0.000 2* (-1.67)
$Liquity$	0.597 7*** (14.99)	0.021 0* (1.66)	$Audit$	0.057 1 (1.45)	0.027 7*** (3.04)
Lev	-0.061 5*** (-9.62)	0.096 8*** (54.63)	常数项	-2.527 1*** (-17.64)	-1.469 3*** (-34.22)
$Growth$	0.077 0*** (4.67)	0.018 9*** (4.81)	年份	控制	控制
			行业	控制	控制
$Operating$	-0.100 5*** (-2.64)	-0.051 6*** (-5.80)	N	25 906	25 906
			调整后 R^2	0.418	0.275

注：***、**、* 分别表示统计检验在 1%、5%和 10%的水平上显著。

5. 中介机制检验

本部分的内部控制水平用内部控制指数/100 来进行衡量，数据来源于迪博数据库。表 2-17 中的列（1）、列（2）、列（3）的回归结果表明，内部控制在数字化转型和企业债务违约风险之间起到了部分中介作用。

本部分使用 Amihud 非流动性指标来度量股票流动性，为了更加直观地查看回归结果，$Illiq\_y$ 取 Amihud 非流动性指标的负数，$Illiq\_y$ 越大，股票流动性越高。表 2-17 中的列（1）、列（4）、列（5）的回归结果表明股票流动性在数字化转型和企业债务违约风险之间起到了部分中介作用。

表 2-17 中介机制检验-股票流动性

变量	(1) EDF	(2) IC	(3) EDF	(4) $Illiq\_y$	(5) EDF
DCG	-0.007 4*** (-6.79)	0.030 0*** (4.63)	-0.007 1*** (-6.57)	0.001 9*** (9.33)	-0.006 5*** (-5.98)
IC			-0.008 0*** (-6.12)		
$Illiq\_y$					-0.457 3*** (-12.48)
$Asset$	0.059 2*** (40.57)	0.202 3*** (29.89)	0.060 8*** (41.32)	0.013 0*** (64.81)	0.065 2*** (42.00)
$Listage$	-0.030 8*** (-13.70)	-0.130 1*** (-10.21)	-0.031 9*** (-14.13)	0.005 1*** (12.42)	-0.028 5*** (-12.60)
$Liquity$	-0.060 2*** (-7.37)	0.372 3*** (8.14)	-0.057 2*** (-7.00)	-0.002 7* (-1.95)	-0.061 4*** (-7.54)
Lev	0.105 8*** (51.27)	-0.107 2*** (-9.79)	0.104 9*** (50.66)	-0.003 3*** (-12.88)	0.104 2*** (50.65)
$Growth$	0.009 6** (2.48)	0.199 8*** (8.72)	0.011 2*** (2.89)	-0.003 9*** (-5.63)	0.007 8** (2.03)
$Operating$	-0.038 6*** (-4.95)	1.207 4*** (18.83)	-0.028 9*** (-3.67)	0.016 6*** (11.17)	-0.031 0*** (-3.96)

续表

变量	(1)	(2)	(3)	(4)	(5)
	EDF	IC	EDF	$Illiq\_y$	EDF
$Cashflows$	-0.276 4***	0.550 0***	-0.272 0***	0.011 4***	-0.271 2***
	(-16.08)	(5.39)	(-15.82)	(3.67)	(-15.82)
Dl	0.011 7	0.358 3***	0.014 6	0.004 3	0.013 7
	(0.46)	(2.78)	(0.57)	(1.00)	(0.54)
$Dual$	-0.002 8	0.016 6	-0.002 6	0.001 0*	-0.002 3
	(-1.00)	(1.02)	(-0.96)	(1.89)	(-0.83)
$Cent$	0.000 4***	0.001 7***	0.000 5***	-0.000 4***	0.000 3***
	(4.49)	(3.52)	(4.63)	(-21.80)	(2.86)
$Audit$	0.019 2**	2.740 2***	0.041 2***	-0.005 2***	0.016 8*
	(1.97)	(30.90)	(4.05)	(-3.38)	(1.73)
常数项	-1.205 1***	-0.329 1**	-1.207 7***	-0.290 6***	-1.338 0***
	(-37.04)	(-1.97)	(-37.28)	(-64.21)	(-38.66)
年份	控制	控制	控制	控制	控制
行业	控制	控制	控制	控制	控制
N	26 280	26 280	26 280	26 280	26 280
F	327.21***	120.39***	325.27***	268.39***	323.83***
调整后 R^2	0.510 7	0.345 9	0.511 6	0.375 1	0.513 8

注：***、**、* 分别表示统计检验在1%、5%和10%的水平上显著。

6. 结论

本部分利用文本分析法，从公司年报中提取转型关键词词频度量转型程度，通过将2010—2021年的企业数字化转型程度与中国A股上市公司的财务数据进行配对，研究企业数字化水平的提高对违约风险的作用效果。结果表明，企业数字化转型通过提高企业内部控制水平和股票流动性，降低了债务违约风险。

第三节　数字化转型与企业创新

企业数字化转型能降低权益融资成本，抑制企业债务违约风险，这将使得企业在数字化转型后更容易获得外部资金的支持，因而数字化转型能为企业高投入的创新活动打好资金基础。

据此，本节讨论"数字化转型是否能切实促进企业的创新行为"的问题，即数字化转型与企业创新的因果关系。

一、研究设计

1. 数据来源与样本选择

本书的数据样本涵盖 2006 年至 2019 年的中国上市公司。在会计信息方面，本书使用中国证券与市场会计研究（CSMAR）数据库，剔除了 ST 企业、数据缺失的企业，此外还剔除了 IT 企业以及专利中包含"软件""系统""平台"字样的企业。将这些公司排除在外，是因为对于这些类型的公司来说，数字化可能是其运营的一个固有方面，其创新行为并不是由数字化转型带来的，而是由企业本身的数字化属性决定的。反观其他企业，数字化则是作为一种外部力量而被引入其企业运营之中的，数字化对这些企业研发的影响更具外生性。本书最终确定的样本包括 2 907 家上市公司和 26 713 个公司年观测值。

为了衡量企业的数字化水平，本书使用了 WinGo 金融数据库提供的文本数据。通过自然语言处理（NLP）技术，可以从企业年报中提取并整理出包含特点词汇的信息。具体来说，当数字化相关的种子词输入系统后，数据库会自动建立神经网络模型，计算每个词与种子词的相似度，然后数据库会提取、编译、归类并最终统计与种子词相关的词形成关键词词典。

2. 变量定义

为了衡量数字化转型（DT），笔者参考了 Lokuge 等（2019）的研究。其研究结果表明，数字化转型的工作主要从四个方面展开：实施数字化战略、建立数字化平台、招募数字化人才和建设数字化文化。笔者先统计了企业年报提到的数字化维度（D_score）的数量。当每个维度的关键词出现时，D_score 就会增加 1 分。涉及的维度越多，数字化转型的程度就越强，满分为 4 分。

衡量 DT 的另一种方法是统计年报中数字化相关词汇的总数。由于数字化有多种表现形式，因此有必要扩大关键词搜索范围，纳入与相关技术有关的其他词语，如"数字化"、"智能化"、"云计算"、"大数据"、"人工智能"和"物联网"等。这些相关词的相似度得分必须超过中位值，才能被包含在内。然后，笔者计算了上下文中提到的所有这些词语的总数，并使用其自然对数得出数字化的另一个测量 D_words。

为了衡量创新活动的水平，笔者使用研发支出的自然对数（Kuh and Meyer，1995）和研发支出与销售额的比率作为创新投入的两个代理变量。在创新产出方面，则使用申请专利数、发明产出和专利引用作为衡量指标。此处的控制变量包括一系列可能影响企业研发支出的企业特征。在所有回归分析中，笔者对所有连续变量进行了第 1% 和 99% 的缩尾处理，并控制了年份固定效应和行业固定效应。表 2-18 列出了本部分变量的描述性统计，可以看到，D_score 的平均值为 0.44，且分布从 0 到 4 不等。在研发支出方面，我们也发现在最大值 20.4 和最小值 0 之间存在较大差异。

表 2-18 描述性统计

变量	观测数	均值	标准差	最小值	最大值
ln R&D	26 713	3.55	7.14	0.00	20.36
D_score	26 713	0.36	0.69	0.00	4.00

续表

变量	观测数	均值	标准差	最小值	最大值
D_words	26 713	3.25	11.44	0.00	262.00
Size	26 713	21.42	1.48	17.42	25.75
Lev	26 713	44.11	21.33	5.10	100.74
ROA	26 713	6.30	6.82	-27.61	27.18
VLA	26 713	1.39	1.04	0.10	5.72
LR	26 713	2.39	2.63	0.25	17.87
MB	26 713	1.99	1.27	0.87	9.54
Age	26 713	0.43	0.49	0.00	1.00
Compete	26 713	16.93	5.92	-4.00	64.00
SOE	26 713	1.52	0.66	0.98	5.82
Overseas	26 713	1.00	0.01	0.00	1.00

3. 模型设计

本部分建立了以下回归模型：

$$\ln R\&D_{i,t} = \alpha + \beta_1 DT_{i,t} + \beta_2 Size_{i,t} + \beta_3 Lev_{i,t} + \beta_4 ROA_{i,t} + \beta_5 VLA_{i,t} + \beta_6 LR_{i,t} + \beta_7 MB_{i,t} + \beta_8 Age_{i,t} + \beta_9 Compete_{i,t} + \beta_{10} Overseas_{i,t} \varepsilon_{i,t} \quad (2-3)$$

其中，$\ln R\&D_{i,t}$ 是 i 家企业在第 t 年的研发支出的自然对数；$DT_{i,t}$ 是企业的数字化转型水平（以其 D_score 和 D_words 分别衡量，其中 D_score 是企业数字化转型的维度，D_words 是年报中数字化相关词汇的总量）。其他控制变量定义见表 2-19。

表 2-19 变量定义

符号	定义
lnR&D	研发支出的对数
D_score	数字化转型维度，满分 4 分

续表

符号	定义
D_words	年报中数字化相关词汇的个数
Size	收入的对数
Lev	总负债/总资产
SA	依据 Hadlock and Pierce（2010）计算的 SA 指数
ROA	净利润/总资产
VLA	营业收入/流动资产
LR	流动资产/流动负债
Age	企业年龄
Compete	营业收入/总成本
Overseas	跨国公司为1，否则为0

在检验 DT 对创新的影响时，笔者观察到的结果有可能部分是由于选择偏差造成的，因为企业的 DT 水平和创新水平都可能受到某些企业特征的影响，如企业规模和经营业绩等。为了解决这个问题，笔者使用 PSM 法来降低选择偏差对部分结果的影响。具体来说，笔者使用 PSM 模型，将处理组（DT）的公司和对照组（非 DT）的公司进行匹配。首先，用 probit 模型和显著的协变量生成处理组和对照组企业的倾向得分。其次，使用不替换的近邻匹配法将每个处理组的企业与相应的对照组企业进行匹配。最终结果显示，在最初的 26 713 个观测值中，共有 11 138 个处理企业年观测值和相同数量的对照组观测值。

表 2-20 比较了 DT 企业（处理组）与非 DT 企业（对照企业）在 PSM 前后的情况。在匹配之前，两组企业在各方面都有显著差异。例如，有数字化转型的企业往往规模更大、杠杆率更低、历史更悠久，它们更有可能是市净率较低的国有企业。在匹配之后，这些差异显著降低。因此，笔者使用 PSM 能成功降低选择偏差对结果的影响，使分析数字化转型与企业创新之间的关系更稳健可靠。

表 2-20 数字化转型企业和非数字化转型企业的 PSM 结果

变量	匹配前				匹配后			
	处理组	对照组	差异	P 值	处理组	对照组	差异	P 值
Size	21.71	21.32	0.39	0.000***	21.71	21.69	0.02	0.457
Leverage	42.78	44.44	-1.65	0.000***	42.78	42.25	0.53	0.126
ROA	6.21	6.33	-0.12	0.200	6.21	6.35	-0.14	0.204
LR	2.41	2.41	0.00	0.970	2.41	2.42	-0.01	0.771
MTB	1.96	2.00	-0.04	0.033***	1.96	1.98	-0.02	0.303
SOE	0.35	0.45	-0.09	0.000***	0.35	0.36	0.00	0.751
Age	18.31	16.42	1.89	0.000***	18.31	18.28	0.03	0.763
Compete	1.56	1.69	-0.13	0.420	1.56	1.62	-0.06	0.098*
Overseas	1.00	1.00	0.00	0.273	1.00	1.00	0.00	0.157

注：***、**、* 分别表示统计检验在 1%、5% 和 10% 的水平上显著。

二、实证分析

1. 主回归结果

在表 2-21 第（1）列和第（2）列报告中使用 D_Score 作为解释变量的面板回归结果。D_score 的系数为正，且在 1% 水平上显著。同时，在第（3）列和第（4）列中使用了与数字化相关的关键词总数的自然对数（D_words）作为另一个解释变量，其系数同样在 1% 水平上显著。该结果与本部分的假设相一致，即 DT 促进了企业的研发支出。表 2-22 显示了 DT 对创新产出的影响，创新产出由专利总数、发明总数和专利引用数衡量。不论使用哪种衡量方式，DT 变量与研发产出变量都有显著相关性。综上所述，数字化转型能显著促进企业的创新投入和产出。

表 2-21 数字化转型与 R&D 投入

变量	(1) lnR&D	(2) lnR&D	(3) lnR&D	(4) lnR&D	(5) R&D Ratio	(6) R&D Ratio
D_score	0.413 5*** (11.06)	0.343 6*** (8.07)			0.002 4*** (8.58)	
D_words			0.019 1*** (9.75)	0.016 3*** (7.89)		0.000 2*** (7.06)
$Size$		0.387 5*** (8.54)		0.386 9*** (8.45)	-0.000 9*** (-3.36)	-0.000 9*** (-3.51)
Lev		-0.006 4** (-2.36)		-0.005 6** (-2.05)	-0.000 0 (-1.62)	-0.000 0 (-1.25)
ROA		-0.004 1 (-0.68)		-0.002 1 (-0.34)	-0.000 2*** (-5.15)	-0.000 2*** (-4.74)
VLA		-0.156 4*** (-3.01)		-0.168 3*** (-3.22)	-0.001 0*** (-4.14)	-0.001 0*** (-4.26)
LR		-0.035 0** (-2.17)		-0.035 2** (-2.18)	-0.000 1 (-0.59)	-0.000 1 (-0.54)
MB		0.050 6** (1.97)		0.042 5* (1.65)	0.000 4* (1.90)	0.000 3 (1.55)
SOE		-0.250 4*** (-3.05)		-0.253 4*** (-3.06)	-0.001 2*** (-2.72)	-0.001 1*** (-2.58)
Age		-0.026 0*** (-4.09)		-0.028 3*** (-4.43)	-0.000 2*** (-5.93)	-0.000 2*** (-6.09)
$Compete$		0.005 4 (0.10)		-0.001 9 (-0.03)	0.003 0*** (5.26)	0.002 9*** (5.15)
$Overseas$		0.216 2 (1.10)		0.314 1 (1.58)	-0.004 9*** (-5.98)	-0.004 2*** (-5.11)
行业固定效应	Yes	Yes	Yes	Yes	Yes	Yes
年度固定效应	Yes	Yes	Yes	Yes	Yes	Yes
常数项	0.224 (0.25)	-7.010*** (-7.43)	0.332 (0.36)	-6.953*** (-7.30)	0.033*** (4.49)	0.034*** (4.61)
观测值	11 138	11 138	11 138	11 138	11 138	11 138
调整后 R^2	0.86	0.86	0.86	0.86	0.48	0.49

表 2-22　数字化转型与 R&D 产出

变量	(1) 专利引用数	(2) 专利引用数	(3) 专利总数	(4) 专利总数	(5) 发明总数	(6) 发明总数
D_score	0.283 6*** (10.27)		0.311 8*** (7.04)		0.165 2*** (5.23)	
D_words		0.009 2*** (5.02)		0.012 6*** (4.23)		0.008 3*** (3.49)
Size	0.610 3*** (23.38)	0.614 4*** (23.09)	0.227 5*** (6.33)	0.229 6*** (6.38)	0.110 4*** (4.29)	0.109 9*** (4.28)
Lev	-0.005 3*** (-3.26)	-0.004 6*** (-2.80)	-0.004 3** (-2.14)	-0.003 7* (-1.80)	-0.004 0*** (-2.78)	-0.003 6** (-2.53)
ROA	-0.002 7 (-0.84)	-0.001 5 (-0.46)	0.009 0* (1.86)	0.010 9** (2.21)	0.006 5** (2.04)	0.007 7** (2.37)
VLA	-0.323 7*** (-9.92)	-0.338 8*** (-10.25)	-0.228 4*** (-5.78)	-0.244 9*** (-6.15)	-0.142 6*** (-5.98)	-0.149 6*** (-6.21)
LR	0.003 8 (0.37)	0.002 8 (0.27)	-0.000 1 (-0.01)	-0.000 7 (-0.06)	-0.007 7 (-0.97)	-0.007 8 (-0.97)
MB	0.080 1*** (4.48)	0.076 0*** (4.20)	-0.020 8 (-0.89)	-0.027 0 (-1.14)	-0.008 5 (-0.50)	-0.012 8 (-0.75)
SOE	-0.014 3 (-0.24)	-0.025 9 (-0.43)	-0.074 3 (-0.97)	-0.082 5 (-1.06)	-0.067 0 (-1.25)	-0.068 0 (-1.26)
Age	-0.010 0** (-2.21)	-0.012 7*** (-2.79)	-0.026 9*** (-3.89)	-0.029 6*** (-4.28)	-0.015 8*** (-3.34)	-0.016 9*** (-3.56)
Compete	-0.123 0*** (-3.53)	-0.127 0*** (-3.56)	-0.171 8*** (-3.66)	-0.179 7*** (-3.73)	-0.016 8 (-0.44)	-0.022 0 (-0.57)
Overseas	2.652 7*** (17.44)	2.727 3*** (17.76)	1.919 4*** (6.81)	2.004 3*** (7.11)	0.628 1*** (3.24)	0.674 5*** (3.47)
年度固定效应	Yes	Yes	Yes	Yes	Yes	Yes
行业固定效应	Yes	Yes	Yes	Yes	Yes	Yes
常数项	-13.357*** (-15.69)	-13.364*** (-15.60)	-5.790*** (-7.14)	-5.815*** (-7.22)	-2.658*** (-4.55)	-2.647*** (-4.54)

续表

变量	(1) 专利引用数	(2) 专利引用数	(3) 专利总数	(4) 专利总数	(5) 发明总数	(6) 发明总数
观测值	11 138	11 138	9 246	9 246	9 246	9 246
调整后 R^2	0.36	0.35	0.18	0.17	0.14	0.14

注：***、**、* 分别表示统计检验在1%、5%和10%的水平上显著。

在控制变量方面，规模、市账率、企业年龄和竞争力水平的系数均显著为正，表明规模大、成立时间长、发展快和竞争力强的企业更有可能进行研发投入。杠杆水平也与研发支出正相关，这是因为创新往往需要通过借贷获取资金。所有这些控制变量的结果都与相关文献一致。

2. 内生性检验

到目前为止，本书中的研究都证明了数字化转型与企业创新之间有显著的正相关关系。但是，数字化转型与企业研发之间可能存在互为因果的问题，即数字化转型会促进企业研发，研发投入更高的企业也更有动力开展数字化转型。为了解决这一内生性问题，笔者采用了2SLS方法，将公司所在地区的移动电话使用率设定为工具变量（IV）。选取移动电话使用率作为工具变量是因为，手机是一种方便、快捷、高效的人际互动数字平台（Benitez et al., 2022）。智能手机使用率高，说明公司员工可能更偏好数字技术，更愿意适应数字化，也表明该地区的人们在社交互动、购物和其他日常活动中更依赖数字技术（Verhoef et al., 2021）。在这样的市场环境中，企业更有动力进行数字化转型，以满足客户需求，迎合当地市场。

表2-23列出了第一阶段回归分析的结果，其中第（1）、第（3）、第（5）和第（7）列列示了 $D\text{-}score$ 和 $D\text{-}words$ 与工具变量（$lnMobile$）的关系及系数。可以看到，工具变量与数字化转型之间存在正相关关系，且在1%的水平上显著。这表明，移动电话在一个地区的普及程度对当地企业的数字化水平至关重要。此外，IV 的 F 检验的 P 值为0，表明第二阶段的

系数估计值及其相应的标准误差极有可能是无偏的,即加入工具变量后的结论是合理有效的。表2-23中的第(2)、第(4)、第(6)和第(8)列列示了加入工具变量后的第二阶段回归结果。可以看到,无论解释变量是$D\text{-}score$还是$D\text{-}words$,被解释变量是创新投入还是创新产出,数字化转型都对企业创新产生显著的正向影响。该结果与前文相一致,证实了研究结果的稳健性。

表2-23　工具变量检验

变量	(1) D-Score	(2) lnR&D	(3) D-Words	(4) lnR&D	(5) D-Score	(6) Patent	(7) D-Words	(8) Patent
D_score		3.4780*** (4.54)				3.3048*** (4.98)		
D_words				0.2220*** (4.13)				0.2385*** (4.11)
$\ln Mobile$	0.0784*** (6.68)		1.2281*** (5.48)		0.0799*** (6.42)		1.1075*** (4.80)	
控制变量	Yes	Yes	Yes	Yes	Yes	Yes	Yes	Yes
行业固定效应	Yes	Yes	Yes	Yes	Yes	Yes	Yes	Yes
年度固定效应	Yes	Yes	Yes	Yes	Yes	Yes	Yes	Yes
常数项	-1.532* (-1.90)	-3.228 (-0.78)	-25.948* (-1.69)	-2.796 (-0.61)	-1.420* (-1.86)	-1.788 (-0.55)	-24.497* (-1.73)	-0.638 (-0.16)
观测值	11 138	11 138	11 138	11 138	9 246	9 246	9 246	9 246
F检验	0.000		0.000		0.000		0.000	
调整后R^2	0.14	0.75	0.06	0.70	0.14		0.07	

注:***、**、*分别表示统计检验在1%、5%和10%的水平上显著。

3. 机制检验

成功的创新离不开对信息的有效处理和收集。当企业获得更丰富的信息时，企业能通过这些信息更清楚地了解市场需求，进而提高创新的意愿和创新的结果。因此，本书认为，当企业获得信息量较少时，数字化转型对企业创新的促进作用会更显著。本书使用公司年报中的词数（$Volume\ 1$）和句数（$Volume\ 2$）的自然对数来衡量企业获得信息量，这是因为企业年报中的词数句数越多，表明企业获得了充分信息并对外披露。如表2-24所示，在回归中加入了DT与$Volume\ 1$和$Volume\ 2$的交互项，以检验信息含量的调节作用。可以看到，在所有回归结果中，交互项均为负，且在统计和经济上都很显著，这表明，当企业获取的信息含量越低，数字化转型对企业研发的促进作用越强。

表2-24 信息含量的调节效应

变量	(1) $\ln R\&D$	(2) $\ln R\&D$	(3) $\ln R\&D$	(4) $\ln R\&D$
$Volume1 \times D\_score$	-4.718 0*** (-2.90)			
$Volume1$	4.124 5 (1.24)	3.009 4 (0.93)		
D_score	0.184 8*** (3.26)		0.187 8*** (3.31)	
$Volume1 \times D\_words$		-0.225 1** (-2.31)		
D_words		0.020 4*** (5.35)		0.020 5*** (5.30)
$Volume2 \times D\_score$			-4.575 5*** (-2.64)	
$Volume2$			4.077 0 (1.17)	2.825 6 (0.83)
$Volume2 \times D\_words$				-0.216 4** (-2.09)
控制变量	Yes	Yes	Yes	Yes

续表

变量	(1)	(2)	(3)	(4)
	ln*R&D*	ln*R&D*	ln*R&D*	ln*R&D*
行业固定效应	Yes	Yes	Yes	Yes
年度固定效应	Yes	Yes	Yes	Yes
常数项	-7.133* (-1.86)	-6.986* (-1.81)	-7.093* (-1.87)	-6.834* (-1.79)
观测值	11 138	11 138	11 138	11 138
调整后 R^2	0.87	0.87	0.87	0.87

此外，本书还发现，企业组织结构的复杂性会影响 DT 对创新的作用。复杂的组织结构使得企业在信息交流方面会遇到困难和摩擦，导致数据整合过程存在缺陷（Hunter and Perreault, 2007; Chen et al., 2018）；而当企业难以整合内部数据时，其创新意愿和能力将大幅降低。据此，本书从组织结构复杂度的角度对数字化的作用加以验证。为了衡量组织复杂性，本书使用的是公司部门数量（*Complex* 1）和员工数量（*Complex* 2）的自然对数。如表 2-25 所示，*Complex* 1 和 *Complex* 2 与 DT 的交互项显著为正，这表明，当组织复杂度越高时，数字化转型对企业创新的促进作用越强。

表 2-25 组织结构的调节效应

变量	(1)	(2)	(3)	(4)
	ln*R&D*	ln*R&D*	ln*R&D*	ln*R&D*
*Complex*1×*D_score*	0.050 5** (2.05)			
*Complex*1	-0.004 9 (-0.10)	0.022 8 (0.49)		
D_score	0.319 5*** (7.57)		0.311 3*** (7.44)	

续表

变量	(1) lnR&D	(2) lnR&D	(3) lnR&D	(4) lnR&D
Complex1×D_words		0.000 7 (0.34)		
D_words		0.022 4*** (8.82)		0.018 9*** (8.20)
Complex2×D_score			0.000 6** (2.28)	
Complex2			−0.000 1 (−0.16)	0.000 2 (0.53)
Complex2×D_words				0.000 01*** (3.16)
控制变量	Yes	Yes	Yes	Yes
行业固定效应	Yes	Yes	Yes	Yes
年度固定效应	Yes	Yes	Yes	Yes
常数项	−7.140 7*** (−7.79)	−6.976 1*** (−7.56)	−6.579 4*** (−6.98)	−6.430 1*** (−6.79)
观测值	11 133	11 133	11 133	11 133
调整后 R^2	0.86	0.86	0.86	0.86

注：***、**、*分别表示统计检验在1%、5%和10%的水平上显著。

在中国，政府补贴对企业来说是重要的创新资金来源。一方面，政府补贴能为创新提供资金；另一方面，政府补贴也能传递积极的信号。本书认为，政府补贴与企业的信息环境有关，政府补贴可以促进信息公开，进而鼓励研发投资。这是因为，为了获得政府的补贴，企业必须收集并整合与其研究战略和方向相关的所有信息。缺乏政府补贴的部分原因可能是公司内部缺乏信息处理能力，从而无法提供用于获得政府补贴的信息。若此时企业开展了数字化转型，则可以获得更多的信息，整合内部资源用于创新。

据此，本书检验了政府补贴对数字化与创新之间关系的调节作用。如果缺少政府补贴，则企业的信息处理能力很可能较弱。在这种情况下，企业必须更多地依靠数字化来准确评估自身的研发能力。例如，企业可以从研发合作的在线平台中获益，如腾讯研究院、ChinaXiv、学而思网等，这些平台都离不开企业强大的数字化举措的支持。因此，在没有政府补贴的情况下，数字化可以更有效地促进其信息处理，激发企业的研发努力。

如表 6-26 所示，本书在模型中加入了 DT 与政府补贴的交互项：$Subsidy \times D\_score$ 和 $Subsidy \times D\_words$。结果表明，交互项的系数显著为负，且在 1% 水平下显著。即数字化转型对企业创新的促进作用，在政府补贴较低时更显著。

表 2-26 政府补贴的调节效应

变量	(1) lnR&D	(2) lnR&D
$Subsidy \times D\_score$	-2.747 0** (-2.49)	
$Subsidy$	0.285 1*** (3.36)	0.264 9*** (3.68)
D_score	0.343 6*** (8.09)	
$Subsidy \times D\_words$		-0.197 2*** (-3.51)
D_words		0.016 2*** (7.81)
控制变量	Yes	Yes
行业固定效应	Yes	Yes
年度固定效应	Yes	Yes
常数项	-8.390*** (-6.83)	-8.457*** (-6.86)
观测值	11 177	11 177
调整后 R^2	0.86	0.86

注：***、**、* 分别表示统计检验在 1%、5% 和 10% 的水平上显著。

4. 结论

本书研究了数字化转型对企业创新的促进作用。通过对中国上市公司的数据进行分析，本书发现数字化转型对企业创新活动有显著的积极影响。即使采用了稳健的统计方法（如 PSM 和 2SLS 回归），解决内生性问题的基础上，这一效应依然存在。此外，本书还深入研究了数字化转型促进企业创新的机制。本书的研究结果表明，当企业信息获取能力较低、组织结构更复杂、获取的政府补贴更少时，其数字化转型对创新的促进作用更强效应就会更强。这说明，数字化转型提高了企业的信息处理能力，加强了企业内部的资源整合水平，进而促进了其创新水平。同时，本书还排除了数字化通过缓解融资约束、提高企业绩效来促进创新的路径，说明本部分研究结果是较为可靠和完善的。

第四节　数字化转型与企业违规

数字化转型可以提升企业的信息获取和整合能力，进而直接促进企业创新。企业的持续发展离不开持续的创新，因此，只有树立可靠的企业形象，取得投资者和客户的信任，才能为创新营造良好的环境，促进企业长远发展。

据此，本节研究数字化是否能帮助企业树立良好的形象，降低企业的违规行为，进而为企业持续的长久的创新建立基础。

一、研究设计

1. 数据来源与样本选择

本节以 2010—2018 年的中国上市公司为研究对象。其中，与数字化相关的数据来源于人工智能数据平台 WinGo 金融数据库，公司层面的内部控制数据来自 DIB 内部控制与风险管理数据库，企业违规数据来源于中国证券市场与会计研究数据库（CSMAR），同时公司层面的财务数据和交易数据也来源于 CSMAR 数据库。剔除金融业公司、负资产公司和被交易所特别处理（ST）的公司，最终得到了 3 305 家公司、19 648 个公司的年度观测值。所有连续变量都在 1%-99% 的水平上进行缩尾处理。

2. 变量定义

（1）数字化转型水平。研究表明，企业从四个方面开展数字化转型：实施数字化战略（Bharadwaj et al., 2013）、建立数字化平台（Nambisan et al., 2019）、招募数字化人才（Lokuge et al., 2019）和建立数字化文化（Nylén and Holmström, 2015）。本书将这些关键词作为种子词导入 Wind 数据平台（该平台整理了中美上市公司年报的非结构化文本数据），导入数字化的这些种子词后，该平台会构建神经网络模型，找出与种子词相关的相似词并自主生成关键词词典。在度量企业的数字化转型水平时，本书利用这个词典对企业年报进行搜索，当年报中出现以上任意维度的关键词时即认为企业在对应的数字化转型方向做出了努力，数字化转型程度赋值为 1 分，满分为 4 分。也就是说，年报提及的数字化转型维度越多，数字化转型的分数就越高。当企业对四个维度均有提及时，数字化转型程度达到满分。

（2）企业违规倾向和企业违规被稽查。本书沿用以往关于企业违规的研究（Wang et al., 2010；Wang, 2013；Khanna et al., 2015）来构建代表企业违规倾向和违规后被稽查的代理变量。具体而言，利用双变量 Probit 模型，在模型（2-4）中预测企业违规的倾向（$Inclination$），在模型（2-5）中预测企业违规被发现的可能性（$Detection$）。

$$Inclination_{i,t}^{*} = digital_{i,t} + Firm\ size_{i,t} + Stock\ return_{i,t} + Executive\ ownership_{i,t} +$$
$$State\ ownership_{i,t} + Independent\ board\ member_{i,t} + Board\ size_{i,t} +$$
$$Board\ meetings_{i,t} + Top\ Ownership_{i,t} + CEO\ duality_{i,t} + u_{i,t} \qquad (2-4)$$

$$\begin{aligned}Detection^*_{i,t} = &\ digital_{i,t} + Leverage_{i,t} + Firm\ age_{i,t} + Revenue\ growth_{i,t} + \\ & Industry\ Tobin's\ Q_{i,t} + Shares\ turnover_{i,t} + Stock\ volatility_{i,t} + \\ & Analyst\ attention_{i,t} + v_{i,t}\end{aligned} \quad (2-5)$$

以上模型被普遍运用在关于企业违规的研究中。这一模型的优点是可以解决研究中的部分可观测性问题，也就是说，只有被发现的违规是可观测的，没有被发现的违规则是没有被观测到的。模型使用数字化和不同的控制变量来解释 i 公司在 t 年实施违规及违规被发现的可能性。在模型（2-4）和模型（2-5）中，误差项为零均值，具有双变量正态分布。如果 $Inclination>0$，我们将其定义为 1，否则定义为 0。如果 $Detection>0$，我们将其定义为 1，否则定义为 0。

在 Bivariate Probit 模型中，本书纳入了两组控制变量：一组用于违规倾向模型，另一组用于违规被稽查侦查模型。为了结果的稳健性，本书在主回归中同步采用了 logit 模型和 Probit 模型对结果加以验证，而这两个模型包含了违规倾向模型（2-4）和违规被稽查模型（2-5）的所有控制变量。研究中使用的变量及其定义见表 2-27。

表 2-27 变量定义

变量	定义
Inclination	当企业有违规倾向时定义为 1，否则为 0
Detection	当企业违规被发现时定义为 1，否则为 0
Illegal	Inclination 和 Detection 的乘积；如果企业违规并被发现则该值为 1，否则为 0
Digitization	企业数字化转型程度
Firm size	年末总资产的自然对数
Stock return	企业年度股票回报率
Executive ownership	高管持股数占总流通股数的比例
State ownership	国有企业为 1，否则为 0
Independent board member	董事会中独立董事的人数
Board size	董事会总人数的自然对数
Board meetings	董事会会议次数的对数

续表

变量	定义
Top Ownership	第一大股东持股比例
CEO duality	CEO 两职合一则为 1，否则为 0
Leverage	总负债/总资产
Firm age	企业成立年前的对数
Revenue growth	利润增长率
Industry Tobin's Q	所在行业上市公司的平均托宾 Q 值
Shares turnover	年股票换手率
Stock volatility	股票价格波动率
Analyst attention	关注企业的分析师人数

表 2-28 报告了主要变量的描述性统计。Illegal 是 Inclination 与 Detection 的乘积。它的平均值为 0.25，表明四分之一的样本都存在违规行为且被发现。数字化的离散变量为 0.47，最大值为 4，标准差为 0.80，该变量的变化幅度较大。在公司所有权方面，40.5% 的公司为国有企业，53% 的公司由前五大股东拥有，这表明所有权结构相当集中。在治理方面，37% 的董事会成员是独立董事，24% 的公司有 CEO 两职合一情况。平均每家公司有 7.5 位分析师进行了报道和关注，最多时有 42 位分析师关注同一家公司。

表 2-28　描述性统计

变量	观测数	均值	标准差	最小值	最大值
Illegal	19 648	0.25	0.43	0.00	1.00
Digitization	19 648	0.47	0.80	0.00	4.00
Firm size	19 648	22.10	1.28	19.57	26.07
Stock return	19 648	5.7%	49.4%	−58.9%	203.2%
Executive ownership	19 648	13.4%	31.4%	0.0%	167.3%
State ownership	19 648	40.5%	49.1%	0.0%	100.0%

续表

变量	观测数	均值	标准差	最小值	最大值
Independent board member	19 648	37%	5%	33%	57%
Board size	19 648	2.14	0.20	1.61	2.71
Board meetings	19 648	2.21	0.38	1.39	3.18
Top ownership concentration	19 648	0.53	0.15	0.19	0.88
CEO duality	19 648	0.24	0.43	0.00	1.00
Leverage	19 648	0.44	0.21	0.05	0.94
Firm age	19 648	2.77	0.45	1.61	3.40
Revenue growth	19 648	0.20	0.47	-0.57	3.14
Industry Tobin's Q	19 648	2.23	0.77	1.22	6.17
Shares turnover	19 648	588%	470%	55%	2 547%
Stock volatility	19 648	2.90%	0.90%	1.30%	5.60%
Analyst attention	19 648	7.50	9.31	0.00	42.00

二、实证分析

1. 主回归结果

表2-29报告了违规企业和非违规企业的单变量差异T检验结果。可以看到，对于存在违规行为的企业而言，数字化水平明显较高，所有权中包含国有股的可能性较小，或者国有股的集中度较低。违规企业的特点是规模较小，董事会规模较小，杠杆率较高，分析师关注程度较低。

表2-29 违规企业和非违规企业的差异T检验

变量	非违规企业		违规企业		差异	
	样本数	均值	样本数	均值	均值	T值
Digitization	14 697	0.447	4 953	0.533	-0.085	-6.45***
Firm size	14 697	22.147	4 953	21.974	0.176	8.38***

续表

变量	非违规企业		违规企业		差异	
	样本数	均值	样本数	均值	均值	T值
Stock return	14 697	0.065	4 953	0.034	0.032	3.89***
Executive ownership	14 697	0.135	4 953	0.132	0.002	0.42
State ownership	14 697	0.433	4 953	0.321	0.111	13.88***
Independent board member	14 697	0.374	4 953	0.374	0.000	-0.49
Board size	14 697	2.146	4 953	2.129	0.016	4.99***
Board meetings	14 697	2.19	4 953	2.273	-0.083	-13.41***
Top ownership concentration	14 697	0.536	4 953	0.501	0.035	13.86***
CEO duality	14 697	0.245	4 953	0.234	0.011	1.62
Leverage	14 697	0.43	4 953	0.456	-0.026	-7.33***
Firm age	14 697	2.778	4 953	2.755	0.024	3.19***
Revenue growth	14 697	0.197	4 953	0.222	-0.025	-3.24***
Industry Tobin's Q	14 697	2.225	4 953	2.243	-0.016	-1.29
Stock volatility	14 697	0.028	4 953	0.03	-0.001	-8.68***
Analyst attention	14 697	8.025	4 953	5.927	2.114	13.88***

注：***、**、*分别表示统计检验在1%、5%和10%的水平上显著。

表2-30报告了本部分的主回归结果。在第（1）列中，数字化与违规倾向负相关，系数为-0.1985，且在1%水平显著，表明当数字化水平提高一个等级时，违规倾向会降低约20%。在第（2）列中，数字化对违规被稽查的影响为正，且在5%水平下显著，表明数字化可以提高违规侦测的机会。在第（3）列和第（4）列中，当将违规和违规被稽查综合在一起考虑时，数字化对违规的整体影响为正，表明数字化与违规的整体上是正相关关系。这是因为，尽管数字化能降低企业违规的倾向，抑制其违规行为，但企业一旦违规将十分容易被发现，使得整体上看，企业违规的水平提高了。例如，在数字化转型前，企业违规10次，被发现5次，数字化转型后，企业违规倾向降低为7次，但其中6次都被发现。控制变量结果与

已有研究一致，企业规模与违规呈负相关，表明违规更有可能发生在规模较小的企业中。国有所有权和集中所有权可以阻止违规活动，其系数为负。此外，当一家企业的杠杆率较高且分析师较少时，违规更有可能发生。

表2-30 主回归结果

变量	(1)	(2)	(3)	(4)
	Bivariate Probit		Probit	Logistic
	Inclination	*Detection*	*Inclination× Detection*	*Inclination× Detection*
Digitization	−0.198 5***	0.183 0**	0.024 8*	0.042 4*
	(−2.67)	(2.43)	(1.73)	(1.77)
Firm size	−0.104 0***		−0.050 7***	−0.082 5***
	(−3.94)		(−4.08)	(−3.92)
Stock return	−0.083 2		−0.046 5	−0.078 4
	(−1.44)		(−1.59)	(−1.56)
Executive ownership	−0.040 6		−0.041 5	−0.075 3
	(−0.47)		(−1.09)	(−1.15)
State Ownership	−0.425 9***		−0.266 2***	−0.459 3***
	(−2.60)		(−11.06)	(−11.08)
Independent board member	−0.238 0		−0.037 7	−0.033 6
	(−0.63)		(−0.17)	(−0.09)
Board size	0.179 3		0.093 7	0.155 2
	(1.36)		(1.47)	(1.43)
Board meetings	0.435 6***		0.298 4***	0.510 6***
	(3.34)		(10.23)	(10.24)
Top ownership	−0.929 5**		−0.596 7***	−1.009 4***
	(−2.33)		(−7.95)	(−7.87)
CEO duality	−0.050 8		−0.033 5	−0.056 0
	(−1.11)		(−1.43)	(−1.40)
Leverage		0.771 8***	0.566 3***	0.950 6***
		(6.03)	(9.46)	(9.37)

续表

变量	(1)	(2)	(3)	(4)
	Bivariate Probit		Probit	Logistic
	Inclination	Detection	Inclination× Detection	Inclination× Detection
Firm age		0.042 4 (0.86)	0.020 3 (0.62)	0.039 0 (0.70)
Revenue growth		0.079 0*** (2.69)	0.052 9** (2.49)	0.088 7** (2.49)
Industry Tobin's Q		−0.067 9* (−1.87)	−0.059 8** (−2.29)	−0.100 6** (−2.24)
Shares turnover		−0.000 1*** (−2.71)	−0.000 1*** (−3.08)	−0.000 2*** (−3.19)
Stock volatility		19.576 3*** (5.69)	17.558 1*** (7.23)	30.275 7*** (7.38)
Analyst attention		−0.015 6*** (−7.18)	−0.014 1*** (−10.26)	−0.024 7*** (−10.22)
行业固定效应	Yes	Yes	Yes	Yes
年度固定效应	Yes	Yes	Yes	Yes
L-likelyhood	−10 475.023		−10 501.926	−10 500.409
Wald chi^2	912.97		1 080.31	1 052.28
R^2			0.053 1	0.053 3
常数项	3.503 7 (2.02)**	−1.235 7 (−3.59)***	−0.526 0 (−1.49)	−0.970 7 (−1.61)
观测值	19 648	19 648	19 648	19 648

注：***、**、*分别表示统计检验在1%、5%和10%的水平上显著。

2. 内生性检验

上述分析表明，数字化与企业违规之间存在正相关关系。笔者认识到，从违规到数字化的反向因果关系可能会导致这种正相关，也就是说，有违规行为的企业可能更具有打破常规的意愿，更愿意尝试数字化转型。这一反向因果的内生性问题可能影响我们的结论。为了减少内生性问题，本书采用了 2SLS 方法，利用基于公司所在地区软件公司数量的工具变量（IV）来进行内生性检验。公司所在地软件公司数量是一个合适的工具变量，这是因为，软件基础设施是高效的数字基础设施，可促进用户之间快速便捷的互动（Benitez et al., 2022）。被更多软件公司包围的企业更有可能精通技术，也更倾向于接受数字化。同时，软件公司的数量不会影响个体企业的违规行为，企业不会因为周围软件公司较多就提高其自身的违规倾向。

表 2-31 列出了工具变量的回归结果，其中第（1）列显示了数字化与工具变量，即该地区软件公司的数量的关系。结果表明，两者显著正相关，且在 1% 水平显著，即地区软件公司的数量显著正向影响企业的数字化水平。此外，工具变量的 F 检验得出的 P 值为 0，表明第二阶段的系数估计值及其相应的标准误差极有可能是无偏的，基于它们的推论是合理有效的。表 2-31 中的第（2）列和第（3）列显示了以预测的数字化变量为自变量，以违规倾向和违规被发现为因变量的第二阶段结果。新的结果与主回归结果一致，即在考虑了内生性问题后，本部分结果依然存在。

表 2-31 内生性检验

变量	第一阶段	第二阶段	
	(1)	(2)	(3)
	Digitization	*Inclination*	*Detection*
Number of software firms	0.078 1*** (6.75)		
Digitization		-0.085 7* (-1.77)	0.042 8* (1.91)
Firm size	0.250 2*** (35.14)	-0.393 6*** (-8.07)	

续表

变量	第一阶段	第二阶段	
	(1)	(2)	(3)
	Digitization	Inclination	Detection
Stock return	-0.036 5***	-0.079 9	
	(-3.67)	(-1.10)	
Executive ownership	-0.066 7***	6.326 0*	
	(-3.14)	(1.67)	
State Ownership	-0.079 9***	-0.492 4***	
	(-3.48)	(-5.77)	
Independent board member	-0.159 0	-0.183 2	
	(-1.22)	(-0.36)	
Board size	-0.137 8***	0.518 9***	
	(-3.45)	(3.25)	
Board meetings	0.120 2***	0.350 7***	
	(8.30)	(4.92)	
Top ownership	-0.742 7***	-0.115 9	
	(-15.01)	(-0.57)	
CEO duality	0.033 6***	-0.174 5***	
	(2.78)	(-2.95)	
Leverage	-0.270 1***		0.928 0***
	(-7.49)		(11.00)
Firm age	-0.374 4***		0.389 9***
	(-16.59)		(5.97)
Revenue growth	-0.008 3		0.061 8**
	(-0.92)		(2.21)
Industry Tobin's Q	0.012 2		-0.068 2**
	(1.58)		(1.58)
Shares turnover	-0.000 1***		-0.000 1*
	(-5.42)		(-1.84)

续表

变量	第一阶段	第二阶段	
	(1)	(2)	(3)
	Digitization	*Inclination*	*Detection*
Stock volatility	8.254 5***		18.171 5***
	(11.33)		(5.92)
Analyst attention	-0.001 6**		-0.019 0***
	(-2.33)		(-10.18)
常数项	-4.204 2***	7.043 4***	-2.279 0***
	(-17.07)	(6.71)	(-8.30)
行业固定效应	Yes	Yes	Yes
年度固定效应	Yes	Yes	Yes
L-likelyhood		-10 376.913	
Wald chi^2		1 681.66	
R^2	0.292 4		
观测值	19 548	19 548	19 548

注：***、**、*分别表示统计检验在1%、5%和10%的水平上显著。

3. 稳健性检验

为了使结果进一步稳健可靠，本书展开了一些列稳健性检验。首先，我们替换了控制变量，将模型（2-4）和模型（2-5）的控制变量进行交换。其次，我们改变了数字化转型的定义方法，将其变为一个虚拟变量。当企业有数字化转型行为时为1，否则为0。稳健性结果如表2-32所示。表2-32的第（1）列和第（2）列报告了交换控制变量的结果，可以看到，数字化转型显著降低企业的违规倾向，同时显著提高企业违规被发现的可能性。第（3）列和第（4）列报告了改变数字化转型定义方式的回归结果，依然与前文一致，数字化转型显著降低企业的违规倾向，并提高违规被稽查的可能性。据此，在经过了一些列稳健性检验后，本部分结论依然成立。

表 2-32 稳健性检验

变量	(1) Inclination	(2) Detection	(3) Inclination	(4) Detection
Digitization	-0.119 9* (-1.73)	0.043 5** (2.33)		
Digitization dummy			-0.493 2*** (-3.40)	0.296 1* (1.76)
Firm size		0.688 6*** (9.50)		0.657 2*** (3.08)
Stock return		0.121 0*** (2.72)		0.025 8 (0.46)
Executive ownership		0.052 2** (2.11)		0.065 4* (1.82)
State ownership		-0.056 9* (-1.83)		-0.060 4* (-1.72)
Independent board member		-0.000 1*** (-2.85)		-0.000 1* (-1.81)
Board size		17.899 1*** (6.54)		18.777 6*** (4.31)
Board meetings		0.231 6 (0.87)	-0.402 6 (-0.82)	
Top ownership		0.121 0 (1.62)	0.237 5 (1.42)	
CEO duality		0.324 4*** (9.00)	0.566 4*** (3.53)	
Leverage		-0.504 7*** (-5.59)	-1.394 6** (-2.27)	
Firm age		-0.030 6 (-1.15)	-0.076 6 (-1.09)	

续表

变量	(1) Inclination	(2) Detection	(3) Inclination	(4) Detection
Revenue growth		-0.016 3*** (-10.53)		-0.015 4*** (-6.57)
Industry Tobin's Q	-0.243 0*** (-6.97)		-0.098 4** (-2.12)	
Shares turnover	-0.212 9* (-1.88)		-0.107 0 (-1.54)	
Stock volatility	61.071 6* (1.68)		-0.088 7 (-0.61)	
Analyst attention	-0.808 4*** (-4.66)		-0.578 8*** (-3.05)	
常数项	6.455 4*** (6.49)	-2.163 3*** (-5.91)	3.703 9 (0.58)	-1.040 0** (-2.06)
行业固定效应	Yes	Yes	Yes	Yes
年度固定效应	Yes	Yes	Yes	Yes
L-likelyhood	-10 437.346		-10 470.997	
Wald chi²	2 965.07		619.18	
观测值	19 648	19 648	19 648	19 648

注：***、**、*分别表示统计检验在1%、5%和10%的水平上显著。

4. 机制检验

本节尝试找出数字化降低企业违规倾向，提高企业违规被发现的原因。对于监管来说，发现企业违规行为的重要基础是深入掌握与企业相关的各方面信息，监管掌握的与企业相关的信息量越大，则其发现企业违规行为、抑制企业违规倾向的可能性就越高。已有研究认为，媒体和分析师能向监管提供大量信息。当媒体和分析师对企业关注度较高时，监管可以从媒体和分析师手中获得企业的相关信息，从而更容易发现企业的违规行为。

数字技术的特点即产生大量信息，当企业开展数字化转型后，数字水平的介入将使企业获得更多与自身相关的信息，这些信息在监管巡视企业时也将被监管获得，进而更容易发现企业的违规行为。因此本书认为，数字化降低企业违规倾向，提高企业违规被发现的第一个机制是，数字化转型向监管提供了大量的信息，替代了媒体和分析师的信息供给作用。

表2-33报告了媒体报道和分析师关注对数字化与企业违规之间关系的调节作用。在第（1）列中，媒体报道与违规倾向负相关，与本书的预期一致。数字化与媒体报道的交互变量显著为正，表明新闻报道越少时，数字化对企业违规倾向的抑制作用越强，即数字化可以替代媒体的监督作用。在第（2）列中，媒体报道与数字化一样，都有助于促进违规行为的发现。数字化与媒体报道的交互项则与违规被发现正相关，即当媒体关注度较低时，数字化转型能向监管提供更多信息，助力监管发现更多违规行为。在第（3）列和第（4）列中，汇报了分析师关注与数字化水平交互项的结果，该结果与媒体报道结果一致。以上结果表明，数字化程度越高，企业处理和收集信息的能力就越强。这种信息效应将有利于监管者、投资者和员工举报者充分收集和挖掘公司的违规信息，减少对媒体和分析师报道的依赖。因此，当分析师和媒体对公司的关注度较低时，数字化对违规行为的影响会更大；反之，当分析师和媒体对公司的关注度较高时，数字化对违规行为的影响就会减弱。

表2-33 信息含量机制检验

变量	媒体报道		分析师关注	
	(1)	(2)	(3)	(4)
	Bivariate Probit		Bivariate Probit	
	Inclination	*Detection*	*Inclination*	*Detection*
Digitization	−0.215 2***	0.249 7***	−0.292 6***	0.230 8***
	(−2.62)	(3.04)	(−2.77)	(2.79)
Digitization×News reports	0.002 6***	−0.003 5***		
	(2.76)	(−4.07)		

续表

变量	媒体报道		分析师关注	
	(1)	(2)	(3)	(4)
	Bivariate Probit		Bivariate Probit	
	Inclination	Detection	Inclination	Detection
News reports	−0.003 6***	0.004 3***		
	(−3.11)	(2.59)		
Digitization×Analyst attention			0.102 3*	−0.076 3**
			(1.70)	(−2.47)
Analyst attention		−0.017 6***	−0.000 1	0.113 7*
		(−7.62)	(−0.00)	(1.95)
Firm size	−0.086 3***		−0.052 3	
	(−3.55)		(−0.98)	
Stock return	−0.073 4		−0.100 8	
	(−1.48)		(−1.47)	
Executive ownership	−0.048 6		−0.126 8	
	(−0.66)		(−1.45)	
State Ownership	−0.400 7***		−0.532 3***	
	(−4.65)		(−5.10)	
Independent board member	−0.248 1		−0.416 5	
	(−0.72)		(−0.99)	
Board size	0.160 5		0.214 5	
	(1.48)		(1.58)	
Board meetings	0.421 0***		0.552 9***	
	(5.30)		(5.60)	
Top ownership	−0.886 7***		−1.331 9***	
	(−4.18)		(−4.99)	
CEO duality	−0.052 9		−0.091 5*	
	(−1.32)		(−1.93)	
Leverage		0.816 8***		0.533 6***
		(6.44)		(4.66)

续表

变量	媒体报道		分析师关注	
	(1)	(2)	(3)	(4)
	Bivariate Probit		Bivariate Probit	
	Inclination	Detection	Inclination	Detection
Firm age		0.034 0 (0.61)		-0.022 4 (-0.46)
Revenue growth		0.077 7** (2.56)		0.057 5** (2.45)
Industry Tobin's Q		-0.072 6* (-1.92)		-0.059 7* (-1.95)
Shares turnover		-0.000 1*** (-2.61)		-0.000 1** (-2.24)
Stock volatility		20.988 4*** (5.57)		17.300 5*** (5.91)
常数项	3.406 7* (1.76)	-1.352 4*** (-4.15)	5.667 0*** (4.83)	-0.706 7* (-1.94)
行业固定效应	Yes	Yes	Yes	Yes
年度固定效应	Yes	Yes	Yes	Yes
L-likelyhood	-10 463.751		-10 468.078	
Wald chi^2	1 042.13		1 111.64	
观测值	19 648	19 648	19 648	19 648

注：***、**、* 分别表示统计检验在1%、5%和10%的水平上显著。

除了信息含量外，信息质量对监管发现企业的违规行为也至关重要。当公司的信息披露质量较低时，信息就会产生误导，阻碍违规行为的发现。数字化能通过实时记录信息使信息之间得以相互印证，进而提高信息的质量。因此，当公司数字化转型程度较高时，其信息质量也会同步增强，这些可靠的信息将使监管更容易发现企业的违规行为，也更能抑制企业的违规意愿。表2-34报告了信息质量（以管理费占总收入的比例来表示）和信息透明度（以全权应计本文绝对值的总和来衡量）的调节作用（Dechow et al.,1995）。本书发现，数字化与管理费用的交互项显著负向影响企业的违规倾向，即管理费用越高，信息质量越差的时候，数字化对企业违规倾向的抑制作用更强。加入数字化与信息透明度交互项的回归也得到了同样的结果，可以看到，数字化与信息透明度的交互项显著负向影响企业的违规倾向，即信息越不透明时，数字化对违规倾向的抑制作用更强。同时，数字化与信息透明度的交互项显著正向影响企业违规被发现的概率，即信息越不透明时，数字化对违规被发现的促进作用越强。

表 2-34 信息质量机制检验

变量	(1)	(2)	(3)	(4)
	Bivariate Probit		Bivariate Probit	
	Inclination	Detection	Inclination	Detection
Digitization	-0.200 1** (-2.49)	0.183 9*** (2.76)	-0.120 0 (-0.91)	0.139 9** (1.98)
Digitization×Management expense	-46.086 9* (-1.67)	27.912 5 (1.30)		
Management expense	45.111 9 (1.12)	-8.148 3 (-0.30)		
Digitization×Disclosure Quality			-0.753 7*** (-2.73)	1.200 1*** (4.87)
Disclosure Quality			1.247 0*** (3.12)	-1.323 6*** (-3.63)
Firm size	-0.108 6*** (-4.05)		-0.138 1*** (-3.41)	
Stock return	-0.088 1 (-1.58)		-0.113 3 (-1.60)	
Executive ownership	-0.036 4 (-0.43)		0.086 5 (0.52)	
State Ownership	-0.423 3*** (-3.03)		-0.462 0*** (-3.48)	

续表

变量	(1)	(2)	(3)	(4)
	Bivariate Probit		Bivariate Probit	
	Inclination	Detection	Inclination	Detection
Independent board member	−0.234 0 (−0.62)		−0.169 4 (−0.39)	
Board size	0.185 9 (1.47)		0.319 0** (1.99)	
Board meetings	0.434 7*** (3.95)		0.430 0*** (5.17)	
Top ownership	−0.920 3*** (−2.69)		−0.836 8*** (−3.21)	
CEO duality	−0.052 4 (−1.20)		−0.052 6 (−1.04)	
Leverage		0.042 8 (0.86)		−0.004 0 (−0.09)
Firm age		0.081 6*** (2.78)		0.065 4** (2.13)
Revenue growth		−0.068 4* (−1.90)		−0.051 6 (−1.33)
Industry Tobin's Q		−0.000 1*** (−2.79)		−0.000 1*** (−2.66)
Shares turnover		19.849 6*** (5.72)		19.373 6*** (5.54)
Stock volatility		−0.015 6*** (−7.45)		−0.015 2*** (−7.62)
常数项	3.247 (2.09)**	−1.131 (−2.97)***	4.165 (3.46)***	−1.298 (−4.10)***
行业固定效应	Yes	Yes	Yes	Yes
年度固定效应	Yes	Yes	Yes	Yes

续表

变量	(1)	(2)	(3)	(4)
	Bivariate Probit		Bivariate Probit	
	Inclination	*Detection*	*Inclination*	*Detection*
L-likelyhood	−10 470.797		−9 872.248 2	
Wald chi²	971.88		1 258.36	
观测值	19 648	19 648	18 672	18 672

注：***、**、*分别表示统计检验在1%、5%和10%的水平上显著。

5. 进一步分析

以上分析表明，数字化通过提高信息含量和信息质量，抑制了企业的违规倾向，提高了企业违规被发现的概率。据此，本书想要进一步研究的是，企业违规意愿的降低是主动的还是被迫的。如表2-35所示，本书检验了数字化转型与企业内部控制五要素之间的关系。总体上讲，数字化转型提高了企业的内部控制质量。具体而言，数字化转型对内部控制环境、风险评估能力、风险控制活动和内部沟通都有显著的促进作用，而对内部控制的监督则没有显著影响。内部控制监督水平代表企业在多大程度上愿意执行和贯彻内部控制制度，当其自我监督意愿强的时候，代表企业越想要依据内部控制条例约束自身的行为。数字化转型对内部控制监督则没有显著影响，这表明数字化转型并没有提高企业自我监督的意愿。换言之，企业违规倾向的降低是被动的。

表2-35 数字化转型与内部控制

变量	(1) 内部控制指数	(2) 内部环境	(3) 风险评估	(4) 控制活动	(5) 沟通	(6) 监督
Digitization	0.002 8** (2.27)	0.093 1*** (3.65)	0.041 7*** (2.94)	0.118 2*** (4.35)	0.093 9*** (9.43)	0.035 4 (1.20)

续表

变量	(1) 内部控制指数	(2) 内部环境	(3) 风险评估	(4) 控制活动	(5) 沟通	(6) 监督
Firm size	0.027 2*** (20.25)	0.131 1*** (5.07)	0.191 9*** (14.36)	0.053 9** (2.24)	0.035 5*** (3.72)	0.227 1*** (8.15)
Stock return	0.022 0*** (8.77)	0.034 0 (0.60)	-0.020 3 (-0.68)	-0.009 6 (-0.16)	-0.009 1 (-0.44)	-0.030 9 (-0.47)
Executive ownership	0.005 6** (2.26)***	-0.172 0*** (-2.55)	0.089 6** (2.20)	0.233 7*** (3.36)	0.117 9*** (4.47)	-0.101 6 (-1.38)
State Ownership	0.007 6 (3.57)	0.333 1*** (6.94)	-0.024 1 (-0.96)	-0.130 7*** (-2.92)	-0.033 6* (-1.86)	0.454 6*** (9.26)
Independent board member	0.006 4 (0.32)	3.350 2*** (7.24)	0.274 8 (1.13)	0.029 8 (0.07)	-0.171 1 (-1.00)	0.770 4* (1.67)
Board size	-0.008 8 (-1.50)	0.855 2*** (6.47)	-0.028 8 (-0.43)	-0.100 6 (-0.83)	-0.097 6** (-2.02)	0.249 6* (1.85)
Board meetings	-0.016 9*** (-6.60)	-0.047 6 (-0.83)	0.077 8*** (2.62)	-0.012 3 (-0.23)	0.859 8*** (39.09)	-0.066 9 (-1.12)
Top ownership	0.036 0*** (5.41)	1.268 7*** (8.34)	0.269 8*** (3.44)	0.245 0* (1.74)	0.124 8** (2.19)	0.396 9** (2.56)
CEO duality	0.003 3* (1.66)	0.029 3 (0.64)	0.072 3*** (2.95)	0.034 3 (0.79)	-0.015 3 (-0.88)	0.053 1 (1.13)
Leverage	-0.089 9*** (-13.41)	-1.432 2*** (-11.60)	-0.198 0*** (-3.06)	-1.199 9*** (-10.43)	-0.168 3*** (-3.69)	-0.854 5*** (-6.21)
Firm age	-0.029 3*** (-9.06)	-0.490 4*** (-8.24)	-0.220 9*** (-7.07)	-0.570 7*** (-9.93)	-0.342 1*** (-15.02)	0.527 7*** (7.74)
Revenue growth	0.031 5*** (12.65)	-0.168 5*** (-3.69)	-0.064 3*** (-2.81)	-0.036 3 (-0.85)	0.044 2*** (2.68)	-0.326 3*** (-5.83)
Industry Tobin's Q	-0.000 9 (-0.39)	-0.123 0** (-2.41)	-0.015 5 (-0.54)	-0.053 7 (-1.03)	-0.013 3 (-0.71)	-0.036 4 (-0.66)

续表

变量	(1) 内部控制指数	(2) 内部环境	(3) 风险评估	(4) 控制活动	(5) 沟通	(6) 监督
Shares turnover	0.000 0*** (3.70)	-0.000 0 (-0.27)	-0.000 0 (-1.30)	-0.000 1* (-1.83)	-0.000 1** (-2.45)	0.000 1 (1.32)
Stock volatility	-0.564 0** (-2.32)	-13.202 7*** (-2.88)	-0.071 0 (-0.03)	1.651 0 (0.36)	0.852 1 (0.48)	-8.138 5 (-1.56)
Analyst attention	0.002 1*** (20.51)	0.018 2*** (7.30)	-0.001 5 (-1.09)	0.013 0*** (5.62)	0.003 6*** (3.72)	0.008 2*** (3.36)
常数项	6.049 2*** (165.61)	9.349 7*** (12.70)	-0.587 9 (-1.50)	9.428 0*** (14.10)	1.063 2*** (3.93)	-1.201 4 (-1.62)
行业固定效应	Yes	Yes	Yes	Yes	Yes	Yes
年度固定效应	Yes	Yes	Yes	Yes	Yes	Yes
观测值	18 891	19 645	19 645	19 645	19 645	19 645
R^2	0.18	0.49	0.64	0.10	0.23	0.61

注：***、**、*分别表示统计检验在1%、5%和10%的水平上显著。

既然数字化转型会提升企业违规被发现的可能性，那么企业为什么要进行数字化转型呢？难道它们希望监管更容易发现它们的违规行为吗？这显然是不符合逻辑的。对此，本书进一步分析了企业数字化转型的动机，以解释这一悖论，并由此发现，数字化对企业绩效的促进作用可能是企业开展数字化转型的真正原因。

表2-36列示了数字化对各种经营绩效指标的影响。可以看出，数字化程度越高，企业的效率就越高，这体现在不同规格的全要素生产率、固定资产周转率、总资产周转率和权益周转率的提高上。这一结果支持了这样一种观点，即管理者出于提高企业绩效的目的进行了数字化转型，但他们没有预料到，数字化转型在提高绩效的同时，也会提高企业违规被发现的概率。

表 2-36 数字化转型与企业绩效

变量	(1) 全要素生产率 (LP法)	(2) 全要素生产率 (OP法)	(3) 全要素生产率 (OLS法)	(4) 固定资产周转率	(5) 总资产周转率	(6) 权益周转率
Digitization	0.046 8*** (8.09)	0.010 0* (1.75)	0.023 3*** (4.23)	1.114 4*** (4.14)	0.010 0*** (2.78)	0.020 1** (1.97)
Firm size	0.625 0*** (112.19)	0.426 1*** (76.49)	0.787 8*** (143.70)	-1.188 2*** (-4.19)	-0.028 6*** (-7.27)	-0.080 7*** (-5.92)
Stock return	0.015 5 (1.29)	0.011 8 (0.97)	0.020 1* (1.72)	-0.400 5 (-0.71)	0.010 0 (1.31)	0.001 1 (0.05)
Executive ownership	-0.029 4** (-2.32)	-0.018 4 (-1.41)	-0.064 6*** (-5.26)	0.632 5 (1.29)	-0.056 4*** (-6.97)	-0.007 4 (-0.38)
State Ownership	0.036 3*** (3.65)	0.051 8*** (5.15)	0.048 4*** (4.98)	-1.093 9** (-2.40)	0.026 9*** (4.07)	0.093 8*** (4.88)
Independent board member	-0.338 6*** (-3.70)	-0.347 1*** (-3.76)	-0.287 7*** (-3.27)	-8.932 4** (-2.30)	-0.181 1*** (-3.02)	-0.131 9 (-0.68)
Board size	-0.056 9** (-2.18)	-0.162 8*** (-6.30)	0.010 5 (0.41)	-6.456 0*** (-5.53)	-0.017 4 (-0.97)	-0.005 1 (-0.09)
Board meetings	-0.062 3*** (-5.26)	-0.040 4*** (-3.42)	-0.093 0*** (-8.01)	-0.045 4 (-0.09)	-0.071 8*** (-9.08)	-0.203 1*** (-8.57)
Top ownership	0.389 1*** (12.53)	0.231 3*** (7.43)	0.397 9*** (13.00)	6.208 0*** (4.08)	0.293 8*** (14.03)	0.671 4*** (10.95)
CEO duality	0.022 0** (2.33)	0.018 9* (1.94)	0.024 4*** (2.66)	-0.135 9 (-0.36)	0.014 6** (2.31)	0.026 6 (1.40)
Leverage	0.625 5*** (21.31)	0.371 7*** (12.90)	0.677 0*** (23.16)	11.995 3*** (9.19)	0.405 7*** (20.75)	4.178 1*** (54.65)
Firm age	0.045 2*** (3.20)	0.019 6 (1.40)	0.037 4*** (2.72)	2.420 6*** (3.53)	0.059 0*** (6.42)	0.143 7*** (5.82)
Revenue growth	0.161 2*** (13.32)	0.182 2*** (15.04)	0.144 1*** (12.09)	5.094 8*** (7.33)	0.063 5*** (8.62)	0.110 9*** (5.14)

续表

变量	(1) 全要素生产率（LP 法）	(2) 全要素生产率（OP 法）	(3) 全要素生产率（OLS 法）	(4) 固定资产周转率	(5) 总资产周转率	(6) 权益周转率
Industry Tobin's Q	-0.025 5** (-2.37)	-0.034 2*** (-3.07)	-0.008 4 (-0.81)	-2.319 2*** (-4.29)	0.003 0 (0.48)	-0.000 7 (-0.04)
Shares turnover	0.000 1*** (4.31)	0.000 0** (2.44)	0.000 1*** (5.00)	-0.001 2** (-2.29)	0.000 0*** (3.84)	0.000 0 (0.36)
Stock volatility	-5.875 5*** (-5.68)	-1.401 5 (-1.34)	-8.388 2*** (-8.25)	201.642 8*** (4.35)	-3.959 5*** (-5.64)	-1.090 0 (-0.53)
Analyst attention	0.010 9*** (22.77)	0.005 2*** (10.65)	0.010 7*** (22.97)	0.072 6*** (3.64)	0.006 1*** (17.26)	0.007 6*** (8.06)
常数项	-5.312 0*** (-29.43)	5.149 9*** (31.63)	-7.034 1*** (-39.50)	31.765 7*** (5.02)	0.937 9*** (8.83)	0.700 7* (1.94)
行业固定效应	Yes	Yes	Yes	Yes	Yes	Yes
年度固定效应	Yes	Yes	Yes	Yes	Yes	Yes
观测值	18 446	19 035	18 446	19 643	19 648	19 547
R^2	0.75	0.59	0.82	0.17	0.23	0.44

注：***、**、* 分别表示统计检验在 1%、5% 和 10% 的水平上显著。

6. 结论

综上，本节的综合分析强调了数字化在影响企业违规行为中的关键作用。数字化程度较高的公司不仅违规倾向较低，其违规后被发现的可能性也更高。这种关系在不同的估计模型中以及在控制了相关的财务和治理变量后都得到了证实，从而肯定了数字化在现代商业环境中的重要性。这种关联的内在机制是双重的：数字化程度的提高产生了丰富的信息，有助于监管者审查潜在的违规行为，同时也通过各种信息之间更强的正相关性促进了对违规行为的区分和识别。

此外，数字化（尤其是当其与外部监督相互作用时）会对违规倾向和侦查产生重大影响。媒体和分析师加强报道是揭示企业相关信息的重要机制，从而增加了违规者的风险，并有助于监管机构收集违规证据。在信息高度不对称的环境中，数字化成为提高透明度和监控能力的有力工具，最终降低了与违规相关的风险。数字化对公司的内部控制能力和运营绩效产生了积极影响，进一步凸显了数字化在公司治理和运营领域的多方面优势。总之，本书对此的研究结果凸显了数字化在打击企业违规和增强组织复原力方面的重要作用。

第三章 环境数字化转型与创新

上一章讨论了企业数字化转型对企业创新的促进作用,然而企业不是独立存在的,它依存于宏观环境并受到宏观环境的影响。因此,本章将讨论数字化对宏观环境的改变是否会影响企业创新。

第一节 区域数字化与融资约束

企业的融资约束水平不仅和企业本身的绩效和信息披露相关,还与宏观环境相关。前文已经研究了企业数字化转型对融资约束的影响,那么外部宏观环境的数字化加持是否能从外环境角度缓解企业的融资约束呢?本部分将对这一问题加以检验。

一、研究设计

1. 数据来源与样本选择

本部分采用新华三集团数字研究院与中国信息通讯研究院发布的 2017 年至 2020 年的《中国城市数字经济指数》作为区域数字经济发展的代理变量。该指数从数据及信息化基础设施、城市服务、城市治理以及产业融合等四个大的维度和多个细分维度,对我国 31 个省(区、市)的 148 个主要城市的数字经济发展状况进行了考察和综合计算,得到了一个综合指数和对应的四个分指数，能够较为全面地反映区域的数字经济发展水平。①

在企业样本方面，本部分选取了2017—2019年我国A股上市公司的企业数据与城市数字经济指数数据进行匹配，并剔除了ST类、金融类和房地产类企业，最终得到2 738个上市公司的9 406条样本。本部分所使用的上市公司财务数据均来自CSMAR数据库和Wind数据库。

2. 变量定义

在被解释变量方面，本部分参考鞠晓生等（2013）、万佳彧等（2020）的研究，选用了由Hadlock和Pierce（2010）构建的SA指数来衡量企业融资约束，其计算公式为：

$$SA = -0.737 \times Size + 0.043 \times Size^2 - 0.04 \times Age$$

其中，$Size$为企业规模（单位：百万元）的自然对数，Age为企业存续时间。SA指数的绝对值取对数再乘以100，就得到了本部分的被解释变量企业融资约束FC，FC越大，代表企业受到的融资约束程度越严重。

在解释变量方面，本部分选取"中国城市数字经济指数"作为区域数字经济发展的代理变量$DEI.T$，该指数反映了城市在数据及信息化基础设施、城市服务、城市治理、产业融合四个维度的数字经济发展综合情况。本部分还采用了以上四个维度的分指数，分别定义为$DEI.F$、$DEI.S$、$DEI.G$以及$DEI.C$，进行细分维度的分析。

在控制变量方面，本部分参考企业融资约束领域的已有研究（黄锐等，2020；万佳彧 等，2020），以资产报酬率ROA、企业规模自然对数$lnSize$、资本结构$Leverage$、有形资产占比TGA/TA、销售增长率$Sales Growth$、企业存续时间Age以及企业性质SOE作为控制变量来控制企业的特征，同时加入地区GDP的自然对数以控制住区域经济发展水平带来的影响。此外，对以上变量中的所有连续变量在1%和99%的水平上进行了Winsorize处理。主要变量的详细定义如表3-1所示。

---

① 该指标相关数据使用Stata16爬取，数据来源网址为：http://deindex.h3c.com/。

表 3-1 主要变量定义

名称		符号	定义
被解释变量	融资约束	FC	SA 指数绝对值取对数,再乘以 100
解释变量	数字经济发展	DEI.T	新华三集团数字研究院与中国信息通讯研究院发布的中国城市数字经济指数——总指数
	数字经济发展-基础设施	DEI.F	数字经济分指数——数据及信息化基础设施
	数字经济发展-城市服务	DEI.S	数字经济分指数——城市服务
	数字经济发展-城市治理	DEI.G	数字经济分指数——城市治理
	数字经济发展-产业融合	DEI.C	数字经济分指数——产业融合
控制变量	资产报酬率	ROA	息税前利润×2/(期初总资产+期末总资产)×100
	企业规模	lnSize	总资产取对数
	资本结构	Leverage	负债总额/资产总额,再乘以 100
	有形资产占比	TGA/TA	有形资产净值/总资产
	销售增长率	Sales Growth	(当年营业收入-上年营业收入)/上年营业收入
	企业存续时间	Age	财报年份减去企业成立年份
	企业性质	SOE	国有企业为 1,其他企业为 0
交互变量	知情交易概率	VPIN	企业股票日知情交易概率的年度均值,使用日内高频数据计算
	信息披露质量	KV	股票收益率与股票交易量变化率回归系数,表示股票收益率与股票交易量变化率的相关关系
	营商环境	BEI	广东粤港澳大湾区研究院和 21 世纪研究院发布的《2020 年中国 296 个城市营商环境报告》中的城市营商总得分

主要变量的描述性统计如表 3-2 所示。可以看出,融资约束 FC 的最小值为 106.04,最大值为 152.86,中值和均值基本重合,约为 137,说明

不同企业面临的融资约束水平存在较大差异且分布较为对称。区域数字经济发展水平 $DEI.T$ 的最小值为 32.3，最大值为 90.5，说明不同地区的数字经济发展水平跨度较大，具有较强的区分度。在细分维度上，数字基础设施 $DEI.F$、城市服务 $DEI.S$、城市治理 $DEI.G$ 的分布较为相似，产业融合 $DEI.C$ 的数值则相对稍低。

表 3-2　主要变量描述性统计

变量	观测值	均值	标准差	最小值	中值	最大值
FC	9 406	136.6	6.59	106.04	136.84	152.86
$DEI.T$	9 406	74.34	13.52	32.3	76.1	90.5
$DEI.F$	9 406	75.44	15.48	19.6	78	95
$DEI.S$	9 406	76.22	14.4	25.7	79.8	94.1
$DEI.G$	9 406	74.71	14.71	29.5	78.7	94.7
$DEI.C$	9 406	69.81	14.99	15.3	68.5	91
ROA	9 406	5.63	7.32	−25.84	5.47	26.09
$lnSize$	9 406	22.27	1.29	20.01	22.08	26.3
$Leverage$	9 406	40.59	18.64	6.56	40.16	83.39
TGA/TA	9 406	0.47	0.21	0.04	0.46	0.89
$Sales\ Growth$	9 406	0.14	0.33	−0.55	0.1	1.84
Age	9 406	20.18	5.91	3	20	65
SOE	9 406	0.3	0.46	0	0	1

3. 模型设计

本部分采用面板数据回归方法，检验区域数字经济发展水平对企业融资约束的影响，同时使用双向固定效应模型，固定了年度效应（Year）和行业效应（Industry）。建立主回归模型（3-1）如下：

$$FC_{i,t} = \alpha_0 + \alpha_1 DEI_{i,t} + \alpha_2 ROA_{i,t} + \alpha_3 lnSize_{i,t} + \alpha_4 Leverage_{i,t} + \alpha_5 TGA/TA_{i,t} + \alpha_6 SalesGrowth_{i,t} + \alpha_7 Age_{i,t} + \alpha_8 SOE_i + \alpha_9 lnGDP_{i,t} \varepsilon_{i,t} \tag{3-1}$$

其中，i 代表公司，t 代表年份；$FC_{i,t}$ 代表 i 公司在 t 时刻的融资约束水平；$DEI_{i,t}$ 代表 i 公司所处地区在 t 时刻的区域数字经济发展指数；$ROA_{i,t}$ 代表 i 公司在 t 时刻的资产报酬率；$\ln Size_{i,t}$ 代表 i 公司在 t 时刻的企业规模自然对数；同理，$Leverage_{i,t}$、TGA、$SalesGrowth_{i,t}$、$Age_{i,t}$ 分别代表 i 公司在 t 时刻的资本结构、有形资产占比、销售增长率和存续时间；SOE_i 代表 i 公司的企业性质，国有企业为 1，非国有企业为 0；$\ln GDP_{i,t}$ 则表示 i 公司所处地区在 t 时刻的 GDP 自然对数。

为了对影响机制进行检验，本书建立了模型（3-2）和模型（3-3）：

$$FC_{i,t} = \alpha_0 + \alpha_1 InfoAsym_{i,t} + \alpha_2 DEI \times InfoAsym_{i,t} + \alpha_3 DEI_{i,t} + \alpha_4 ROA_{i,t} + \alpha_5 \ln Size_{i,t} + \alpha_6 Leverage_{i,t} + \alpha_7 TGA/TA_{i,t} + \alpha_8 SalesGrowth_{i,t} + \alpha_9 Age_{i,t} + \alpha_{10} SOE_i + \alpha_{11} \ln GDP_{i,t} + \varepsilon_{i,t}$$

(3-2)

$$FC_{i,t} = \alpha_0 + \alpha_1 BEI_{i,t} + \alpha_2 BEI \times BEI_{i,t} + \alpha_3 DEI_{i,t} + \alpha_4 ROA_{i,t} + \alpha_5 \ln Size_{i,t} + \alpha_6 Leverage_{i,t} + \alpha_7 TGA/TA_{i,t} + \alpha_8 SalesGrowth_{i,t} + \alpha_9 Age_{i,t} + \alpha_{10} SOE_i + \alpha_{11} \ln GDP_{i,t} + \varepsilon_{i,t}$$

(3-3)

其中，i 代表公司，t 代表年份；$InfoAsym_{i,t}$ 为 i 公司在 t 时刻的信息不对称变量；$BE_{i,t}$ 为 i 公司所处地区在 t 时刻的营商环境变量；其他变量的意义同模型（3-1）。

二、实证分析

1. 主回归分析

表 3-3 报告了区域数字经济发展总指数 $DEI.T$ 与企业融资约束 FC 之间的关系，即模型（3-1）的回归结果，其中列（1）和列（2）的模型分别未控制和控制了年度和行业固定效应。可以看出，$DEI.T$ 与 FC 显著负相关，即区域数字经济发展水平越高，企业受到的融资约束越弱，说明区域数字经济发展能够显著地缓解企业融资约束。

表 3-3 区域数字经济发展与企业融资约束

变量	(1) FC	(2) FC
DEI.T	-0.008*** (-3.46)	-0.008*** (-3.40)
ROA	0.005*** (2.82)	0.005*** (2.96)
lnSize	-0.263*** (-7.88)	-0.225*** (-6.54)
Leverage	-0.015*** (-7.51)	-0.014*** (-6.86)
TGA/TA	-3.276*** (-18.67)	-3.165*** (-18.03)
Sales Growth	0.067** (2.45)	0.078*** (2.83)
Age	1.017*** (147.29)	0.962*** (93.33)
SOE	-1.018*** (-7.35)	-0.502*** (-3.38)
lnGDP	0.350*** (4.69)	0.129 (1.60)
常数项	121.236*** (120.70)	124.470*** (86.31)
观测值	9 406	9 406
R^2	0.803 9	0.804 3
样本量	2 738	2 738
行业固定效应	NO	YES
年度固定效应	NO	YES

注：括号里的数字为 t 值；*、**、*** 分别表示在 10%、5%、1% 的程度上显著。

在此基础上，本书进一步研究了区域数字经济发展的四个细分维度对企业融资约束的影响，结果如表3-4所示。回归模型仍为模型（3-1），从列（1）到列（4）解释变量依次替换为 $DEI.F$、$DEI.S$、$DEI.G$、$DEI.C$。回归结果显示，$DEI.F$ 的影响最为显著，其次是 $DEI.G$ 和 $DEI.C$，$DEI.S$ 的系数最小且不显著，说明在区域数字经济发展的四个细分维度中，数据及信息化基础设施建设的作用最大，城市治理和产业融合也在一定程度上影响了企业融资约束，而城市服务则没有明显的作用。

表3-4 区域数字经济发展的四个细分维度与企业融资约束

变量	（1） FC	（2） FC	（3） FC	（4） FC
$DEI.F$	-0.004*** (-3.44)			
$DEI.S$		-0.001 (-0.69)		
$DEI.G$			-0.003** (-1.97)	
$DEI.C$				-0.003* (-1.89)
ROA	0.005*** (3.01)	0.005*** (2.99)	0.005*** (2.99)	0.005*** (2.94)
lnSize	-0.223*** (-6.49)	-0.225*** (-6.54)	-0.225*** (-6.53)	-0.225*** (-6.55)
Leverage	-0.014*** (-6.88)	-0.014*** (-6.82)	-0.014*** (-6.82)	-0.014*** (-6.87)
TGA/TA	-3.161*** (-18.01)	-3.163*** (-18.00)	-3.163*** (-18.01)	-3.172*** (-18.06)
Sales Growth	0.077*** (2.79)	0.076*** (2.77)	0.076*** (2.75)	0.077*** (2.78)
Age	0.962*** (93.20)	0.962*** (93.36)	0.962*** (93.34)	0.962*** (93.28)

续表

变量	(1) FC	(2) FC	(3) FC	(4) FC
SOE	-0.515*** (-3.47)	-0.512*** (-3.45)	-0.512*** (-3.45)	-0.508*** (-3.42)
lnGDP	0.071 (0.91)	0.060 (0.75)	0.068 (0.87)	0.074 (0.94)
常数项	124.689*** (86.48)	124.670*** (86.36)	124.723*** (86.57)	124.610*** (86.39)
观测值	9 406	9 406	9 406	9 406
R^2	0.804 6	0.804 3	0.804 3	0.804 3
样本量	2 738	2 738	2 738	2 738
行业固定效应	YES	YES	YES	YES
年度固定效应	YES	YES	YES	YES

注：括号里的数字为 t 值；*、**、*** 分别表示在 10%、5%、1%的程度上显著。

2. 机制检验

上述实证结果支持了本部分的假设，即区域数字经济发展能够显著地缓解企业面临的融资约束。接下来，我们通过引入新的变量以及交互项建立了模型（3-2）和模型（3-3），研究区域数字经济发展影响企业融资约束的内在机理。

本部分参考了屈文洲等（2011）和陈国进等（2019）的研究，采用市场微观结构理论中的知情交易概率指标 PIN（probability of informed trading）值来衡量企业的信息不对称程度。当存在信息不对称时，知情投资者可以利用信息优势与非知情投资者交易，从而获取超额收益。因此，知情交易概率越高，意味着信息不对称程度就越高。本书借鉴 Easley 等（2012）研究中的改进方法，使用日内高频数据估计了量同步知情交易概率 VPIN（volume-synchronized probability of informed trading）指标，并通过对日度 VPIN 取算术平均值得到企业每个年度对应的 VPIN 值作为 PIN 值的近似替换来衡量企业信息不对称程度。VPIN 的计算公式为：

$$VPIN = \frac{\sum_{i=1}^{n} |V_i^B - V_i^S|}{nV} \tag{3-4}$$

其中，i 表示一天中的第 i 个交易篮子；n 表示一天中的总交易篮子数（本部分取 $n = 50$）[①]；V 表示每个篮子的等交易量；V_i^B、V_i^S 分别表示第 i 个交易篮子的买/卖交易量。

表 3-5 的第（1）列为在主回归模型（3-1）中加入企业信息不对称程度变量 VPIN 的回归结果，与预期一致，VPIN 值与企业融资约束显著正相关，即企业信息不对称程度越高，受到融资约束越强。第（2）列则展示了进一步加入区域数字经济发展指数 DEI.T 与 VPIN 的交互项的回归结果，可以看出，交互项的系数与 VPIN 的系数方向相同且在 1% 的水平上显著，说明区域数字经济发展显著放大了信息不对称对企业融资约束的作用。

接着，本书进一步分析了信息披露质量、区域数字经济发展以及企业融资约束之间的关系。考虑到社交媒体的发展使得企业进行信息披露的渠道更多、成本更低以及及时性更强，本书没有使用专业评级机构（如深交所）发布的以年度计的企业信息披露指数，而是参考了周开国等（2011）的研究，采用 KV 指数来衡量企业的信息披露质量。KV 指数以股票收益率对股票交易量的斜率系数来度量上市公司信息披露质量的高低，其逻辑是：如果上市公司的信息披露质量很差，投资者难以根据其披露的信息进行价值判断，就会更加依赖交易量信息，该斜率系数就更大；反之，当上市公司信息披露质量高，则投资者对交易量信息的依赖性较弱，该斜率系数就会更小（Kim and Verrecchia，2001）。同时，为了避免不同公司股票数量的差异导致的统计误差，本部分采用了翟光宇等（2014）研究中改进的 KV 指数，计算公式如下：

$$\ln\left|\frac{P_t - P_{t-1}}{P_{t-1}}\right| = \alpha + \beta\left(\frac{vol_t - vol_0}{vol_0}\right) + \varepsilon_t \tag{3-5}$$

[①] 常用的篮子数通常为 8 和 50。

其中，t 为股票交易日；P_t 为第 t 天的收盘价①；vol_t 为第 t 天的股票交易量；vol_0 为样本区间内所有交易日的平均日交易量；β 为普通最小二乘法回归得到的系数，也即 KV 指数。KV 指数越大，上市公司信息披露质量越差；反之，KV 指数越小，则其信息披露质量越高。

表3-5 的第（3）列为在主回归模型（3-1）中加入企业信息披露质量变量 KV 的回归结果。与直觉相反的是，KV 指数越大，即上市公司信息披露质量越差，则其受到的融资约束水平越低。这说明上市公司的确能够通过降低信息披露质量以达到缓解融资约束的目的，该结果与 Dechow 等（1996）研究得出的结论一致②。进一步在模型中加入 DEI.T 与 KV 的交互项，其回归结果如表3-5 第（4）列所示。交互项的系数与变量 KV 的系数方向相反且在 1% 的水平上显著，说明区域数字经济发展显著削弱了企业通过操纵信息披露质量来降低融资约束的可能性。

简而言之，表3-5 的实证结果支持了理论分析中的路径②，即区域数字经济发展主要改善了企业外部的信息传播环境，"好"企业可以通过提高信息披露的强度、密度、广度以及质量与"坏"企业进行区分，因此，由信息不对称引起的逆向选择减少了，市场的资金配置效率提高了，资金开始向"好"企业倾斜。相对而言，信息不对称程度更高、信息披露质量更差的企业受到的融资约束就放大了。

表3-5 信息不对称、区域数字经济发展与企业融资约束

变量	(1)	(2)	(3)	(4)
	FC	FC	FC	FC
	知情交易概率		信息披露质量	
VPIN	4.482*** (10.99)	3.999*** (9.76)		

---

① 由于 $P_t - P_{t-1} = 0$ 时，公式（3-5）没有意义，因此剔除了样本中 $P_t - P_{t-1} = 0$ 的交易日观测值。

② 降低外部融资成本和避免债务契约条款约束为上市公司管理层操纵盈余的主要动机（Dechow et al., 1996）。

续表

变量	(1)	(2)	(3)	(4)
	FC	FC	FC	FC
	知情交易概率		信息披露质量	
$VPIN\_DEI.T$		0.292***		
		(9.14)		
KV			-0.540***	-0.568***
			(-7.04)	(-7.38)
$KV\_DEI.T$				0.023***
				(4.06)
$DEI.T$	-0.008***	-0.007***	-0.009***	-0.009***
	(-3.35)	(-2.89)	(-3.43)	(-3.49)
ROA	0.005***	0.004***	0.007***	0.007***
	(2.86)	(2.78)	(4.35)	(4.32)
$lnSize$	-0.244***	-0.253***	-0.243***	-0.248***
	(-7.12)	(-7.42)	(-7.09)	(-7.23)
$Leverage$	-0.013***	-0.013***	-0.012***	-0.012***
	(-6.42)	(-6.23)	(-6.15)	(-6.20)
TGA/TA	-3.048***	-2.997***	-2.551***	-2.559***
	(-17.52)	(-17.29)	(-14.77)	(-14.82)
$Sales\ Growth$	0.056**	0.066**	0.066**	0.066**
	(2.07)	(2.44)	(2.46)	(2.49)
Age	0.965***	0.965***	0.954***	0.954***
	(93.76)	(94.30)	(91.55)	(91.80)
SOE	-0.449***	-0.455***	-0.482***	-0.482***
	(-3.03)	(-3.09)	(-3.27)	(-3.29)
$lnGDP$	0.099	0.121	0.070	0.077
	(1.22)	(1.51)	(0.86)	(0.95)
常数项	124.445***	124.363***	124.677***	124.692***
	(85.29)	(85.67)	(85.77)	(85.95)

续表

变量	(1)	(2)	(3)	(4)
	FC	FC	FC	FC
	知情交易概率		信息披露质量	
观测值	9 404	9 404	8 892	8 892
R^2	0.807 7	0.809 3	0.804 4	0.804 7
样本量	2 738	2 738	2 642	2 642
行业固定效应	YES	YES	YES	YES
年度固定效应	YES	YES	YES	YES

注：括号里的数字为 t 值；*、**、*** 分别表示在10%、5%、1%的程度上显著。

营商环境是指企业等市场主体在市场经济活动中所涉及的体制机制性因素和条件①，涉及市场、政务、法制、人文等多个维度。本部分采用了广东粤港澳大湾区研究院和21世纪研究院发布的《2020年中国296个城市营商环境报告》中的城市营商总得分来衡量上市公司所在区域的营商环境水平，这也是我国目前覆盖地域最广的营商环境数据。由于营商环境与区域的政务、市场、法治以及人文等短期内相对稳定的因素有关，同时受限于数据，因此本书在模型（3-3）中将营商环境视为一个在样本区间（2017—2020年）内不随时间变化的静态变量。此外，由于该营商环境分数的取值范围为 [0, 1]，本书对其做了对数转换，令营商环境变量 $BEI = \log(\frac{S}{1-S})$，其中 S 为城市营商总得分。将其代入模型（3-3），回归结果如表3-6中的列（1）、列（2）所示。营商环境变量 BEI 与企业融资约束显著负相关，即在其他条件不变的情况下，上市公司所处地区的营商环境越好，其受到的融资约束越弱，与已有文献一致。列（2）中加入交互项后，交互项的系数与变量 BEI 的系数方向相同且在1%的水平上显著，说明区域数字经济发展水平越高，营商环境对企业融资约束的作用越大。

---

① 《优化营商环境条例》（国令第722号），2019年10月22日发布，2020年1月1日施行。

接着，本书从硬环境和软环境两个维度对营商环境进行了中介效应检验。其中，硬环境主要包括自然环境和基础设施等，软环境则包含了技术创新、金融、人才、文化以及生活等。在数据方面，本书采用了中国社会科学院发布的2020年中国城市营商硬环境竞争力排名和营商软环境竞争力排名数据，通过对城市排名进行倒数转换得到硬环境和软环境的代理变量 BEH 和 BES，变量数值越大表示相应的营商环境越好。表3-6中的第（3）、第（4）、第（5）列分别为营商硬环境中介效应检验的三步回归结果，类似地，第（6）、第（7）、第（8）列为营商软环境中介效应检验的回归结果。结果显示，虽然区域数字经济发展对当地的营商软、硬环境均有提升，如列（4）和列（7）所示，但仅可通过影响软环境来缓解企业融资约束，如列（5）和列（8）所示。

表 3-6 营商环境、区域数字经济发展与企业融资约束

变量	(1)	(2)	(3)	(4)	(5)	(6)	(7)	(8)
	FC	FC	FC	BEH	FC	FC	BES	FC
	营商环境		营商硬环境			营商软环境		
			Step 1	Step 2	Step 3	Step 1	Step 2	Step 3
BEI	-0.472*** (-3.56)	-0.451*** (-3.39)						
$BEI\_DEI.T$		-0.009* (-1.87)						
BEH					-0.148 (-1.03)			
BES								-0.896*** (-5.93)
$DEI.T$	-0.003 (-0.91)	-0.005 (-1.53)	-0.018*** (-4.76)	0.014*** (46.41)	-0.016*** (-3.68)	-0.026*** (-7.23)	0.017*** (63.12)	-0.011** (-2.42)
ROA	0.004** (2.45)	0.004** (2.36)	0.010* (1.76)	-0.000 (-0.82)	0.010* (1.75)	0.015*** (2.63)	-0.000 (-0.82)	0.014*** (2.58)

续表

变量	(1) FC 营商环境	(2) FC	(3) FC 营商硬环境 Step 1	(4) BEH Step 2	(5) FC Step 3	(6) FC 营商软环境 Step 1	(7) BES Step 2	(8) FC Step 3
ln$Size$	-0.144*** (-4.15)	-0.143*** (-4.15)	-0.935*** (-24.09)	-0.004 (-1.26)	-0.935*** (-24.11)	-0.922*** (-24.86)	0.020*** (7.11)	-0.904*** (-24.35)
$Leverage$	-0.014*** (-6.88)	-0.014*** (-6.93)	-0.023*** (-5.48)	0.001*** (4.00)	-0.023*** (-5.42)	-0.023*** (-5.70)	-0.003*** (-10.43)	-0.026*** (-6.37)
TGA/TA	-3.088*** (-17.86)	-3.093*** (-17.89)	-3.715*** (-9.92)	0.157*** (5.11)	-3.692*** (-9.84)	-3.774*** (-10.49)	-0.232*** (-8.57)	-3.982*** (-11.04)
$Sales\ Growth$	0.094*** (3.51)	0.096*** (3.57)	-0.070 (-0.58)	-0.006 (-0.63)	-0.071 (-0.59)	-0.092 (-0.79)	-0.026*** (-2.96)	-0.115 (-0.99)
Age	0.958*** (90.68)	0.958*** (90.67)	0.971*** (150.06)	0.003*** (5.06)	0.972*** (149.85)	0.975*** (155.45)	-0.005*** (-10.70)	0.970*** (153.94)
SOE	-0.598*** (-3.88)	-0.589*** (-3.82)	-0.122 (-1.20)	0.009 (1.11)	-0.120 (-1.18)	-0.093 (-0.98)	0.038*** (5.38)	-0.059 (-0.62)
lnGDP	0.114 (1.38)	0.115 (1.39)	0.084 (1.18)	-0.137*** (-23.45)	0.064 (0.86)	-0.031 (-0.49)	-0.178*** (-37.02)	-0.191*** (-2.76)
常数项	122.163*** (80.41)	122.196*** (80.43)	141.568*** (93.99)	0.600*** (4.86)	141.657*** (93.90)	142.813*** (117.20)	0.651*** (7.09)	143.395*** (117.55)
观测值	9 218	9 218	7 300	7 300	7 300	7 778	7 778	7 778
R^2	0.811 6	0.811 7	0.800 3	0.329 1	0.800 3	0.797 3	0.458 6	0.798 2
样本量	2 631	2 631	1 982	1 982	1 982	2 081	2 081	2 081
行业固定效应	YES	YES	YES	YES	YES	YES	YES	YES
年度固定效应	YES	YES	YES	YES	YES	YES	YES	YES

注：括号里的数字为 t 值；*、**、*** 分别表示在10%、5%、1%的程度上显著。

更进一步，Sobel 检验和 Bootstrap 检验结果显示（如表 3-7 所示），营商硬环境不存在显著的中介效应，而营商软环境不仅存在显著的部分中介效应，且中介效应占比达到 58.9%，说明区域数字经济发展在较大程度上通过提升区域的营商软环境来缓解企业融资约束。

表 3-7 营商环境的中介效应检验

	营商硬环境				营商软环境			
	Sobel 检验	Bootstrap 检验			Sobel 检验	Bootstrap 检验		
	系数	系数	95%置信区间		系数	系数	95%置信区间	
间接效应	-0.002 (-1.03)	-0.002 (-0.99)	-0.006 325 -0.006 290	0.001 844 0.002 141	(P) (BC)	-0.015*** (-5.90)	-0.015*** (-5.38)	-0.021 142 -0.021 749	-0.009 783 -0.010 241	(P) (BC)
直接效应	-0.016*** (-3.68)	-0.016*** (-3.69)	-0.024 484 -0.024 484	-0.007 733 -0.007 549	(P) (BC)	-0.011** (-2.42)	-0.011** (-2.44)	-0.019 621 -0.019 667	-0.001 298 -0.001 333	(P) (BC)
总效应	-0.018*** (-4.76)					-0.026*** (-7.23)			
中介效应占比	0.118					0.589***			

注：括号里的数字为 t 值；*、**、*** 分别表示在 10%、5%、1%的程度上显著。

3. 进一步分析

以上结果证实，区域数字经济发展不仅能够通过改善企业外部的信息传播环境，提高市场资金配置效率，使资金向"好"企业倾斜，还可以通过提升营商软环境来缓解企业融资约束。那么，区域数字经济发展对哪类企业的影响更大呢？

本书就企业性质、存续年限以及企业规模这三个维度进行了进一步分析，结果列示在表 3-8。可以看出，国有性质、存续年限更久以及规模更大的企业获益更多，区域数字经济发展显著降低了此类企业的融资约束水平。这也说明，外部数字化环境对企业融资约束的影响具有异质性，这可能是由于民营和中小型企业数字化转型迟缓，对接外部数字化资源的能力不足导致的。

表 3-8 企业特征、区域数字经济发展与企业融资约束

变量	(1) FC	(2) FC	(3) FC	(4) FC
DEI.T	-0.008*** (-3.40)	0.007** (2.37)	0.028*** (4.08)	0.567*** (18.02)
SOE_DEI.T		-0.045*** (-10.35)		
Age_DEI.T			-0.002*** (-5.71)	
Size_DEI.T				-0.026*** (-18.34)
ROA	0.005*** (2.96)	0.005*** (2.89)	0.005*** (2.87)	0.005*** (2.97)
lnSize	-0.225*** (-6.54)	-0.216*** (-6.32)	-0.226*** (-6.57)	1.738*** (15.54)
Leverage	-0.014*** (-6.86)	-0.015*** (-7.18)	-0.014*** (-6.93)	-0.016*** (-7.73)
TGA/TA	-3.165*** (-18.03)	-3.165*** (-18.14)	-3.167*** (-18.09)	-3.188*** (-18.55)
Sales Growth	0.078*** (2.83)	0.080*** (2.91)	0.078*** (2.83)	0.063** (2.33)
Age	0.962*** (93.33)	0.965*** (94.08)	1.096*** (42.77)	0.962*** (93.91)
SOE	-0.502*** (-3.38)	2.719*** (7.89)	-0.487*** (-3.28)	-0.517*** (-3.51)
lnGDP	0.129 (1.60)	0.163** (2.02)	0.165** (2.03)	0.173** (2.15)
常数项	124.470*** (86.31)	122.859*** (85.16)	121.511*** (79.43)	80.351*** (28.83)

续表

变量	(1)	(2)	(3)	(4)
	FC	FC	FC	FC
观测值	9 406	9 406	9 406	9 406
R^2	0.804 3	0.806 6	0.805 7	0.813 5
样本量	2 738	2 738	2 738	2 738
行业固定效应	YES	YES	YES	YES
年度固定效应	YES	YES	YES	YES

注：括号里的数字为 t 值；*、**、*** 分别表示在10%、5%、1%的程度上显著。

4. 结论

数字经济能够促进信息的流通和共享，有助于降低信息不对称；其在城市治理等场景的应用和渗透有利于改善营商环境，抑制信贷成本。基于此，本部分研究了区域数字经济发展是否以及如何影响企业融资约束。结果表明，区域数字经济发展一方面有利于改善企业外部的信息传播环境，提高市场资金配置效率，使资金向"好"企业倾斜；另一方面则有助于提升营商环境，亦可通过改善营商软环境显著地缓解企业融资约束。并且，该影响具有异质性，国有性质、存续年限更久以及规模更大的企业获益更大。

第二节　政务数字化与创新投入

政府既起到为企业服务的作用，又起到监管企业的作用。可以说，企业的经营绕不开政府的支持与监督。因此，政务数字化是否会对企业产生影响，是值得探讨的话题。对于企业来说，创新的大额支出来自企业本身、融资和政府补贴。其中，政府补贴对企业至关重要；它不仅能补充创新资金的缺失,还能起到信号作用,市场将获得政府补贴的企业视为优质的、创新更容易成功的企业。在政府的"认证"加持下,获得补贴的企业更容易获得外部融资,且研发的产品也更容易获得市场和消费者的认可。然而,政府补贴的发放往往不完全透明,给企业留下了寻租空间,抑制了有创新能力的企业的创新意愿。

政务数字化转型能使政府补贴的发放更为公开透明。发挥更积极充分的信号作用,进而促进企业创新。据此,本部分将探讨政务数字化对企业创新的影响。

一、研究设计

1. 数据来源与样本选择

本部分的研究期间为 2017—2019 年。选择 2017—2019 年为研究期间的原因在于,腾讯研究院自 2017 年起连续 3 年在《数字中国指数报告》中公布政务数字化水平前 100 的城市及其数字政务指数。尽管 2020 年《数字中国指数报告》如期发布,但报告中仅披露了城市政务数字化程度排名,并未公布具体数值。本部分的研究对象为我国 A 股上市公司,通过剔除缺失变量和缩尾处理共获得样本公司 1 440 家。

本部分的城市层面数字政务指数及政务数字化程度排名数据,来自 2017—2019 年腾讯研究院的《数字中国指数报告》。宏观层面的数据(如城市 GDP 等)来自 Wind 数据库。微观层面的企业特征数据(如 R&D 投入、现金流量、创新补贴等)来自 Wind 数据库,政治关联数据则根据 CSMAR 数据库高管背景信息与东方财富网、新浪财经网数据手工整理形成。

2. 变量定义

创新意愿的增加表现为,企业愿意将更多的收入投入创新之中(潘越等,2015)。因此,本书采用研发密度($RDratio_{i,t}$)即创新投入与销售收入之比作为度量创新意愿的指标,这样做可以控制规模效应对结果的影响。

本部分用数字政务指数($DIG_{i,t}$)和政务数字化排名($Ranking_{i,t}$)来衡量城市层面的政务数字化程度。

参考企业创新的相关研究(潘越 等,2015),本书在此设置其他控制变量如下:①公司规模($Size$),等于当期营业总收入的自然对数。②资产负债比(Lev),等于当期负债总额/当期总资产。③资产收益率(ROA),等于当期净利润/当期总资产。④市值账面值比($Tobin'Q$),等于人民币普通股×今收盘价当期值+境内上市的外资股B股×今收盘价当期值×当日汇率+(总股数-人民币普通股-境内上市的外资股B股)×所有者权益合计期末值/实收资本本期期末值+负债合计本期期末值。⑤公司性质($Type$),若公司为中央国有企业或地方国有企业则公司性质变量等于1,否则等于0。⑥市场势力($Power$),等于当年营业收入除以当年生产成本。⑦第一大股东持股比例($First-Holder$),等于财报中披露的大股东持股量。⑧公司经营年限(Age),等于公司创立起始年度至2019年。⑨流动资产周转率(LAT),等于当期营业收入除以当期营业资产。⑩国内生产总值(GDP),等于城市生产总值。

3. 模型设计

为了检验数字政务水平与企业创新之间的关系,本部分构建了如下回归模型:

$$RDratio_{i,t} = \alpha_1 + \alpha_2 DIG_{n,t} + \alpha_3 Size_i + \alpha_4 Lev_{i,t} + \alpha_5 ROA_{i,t} + \alpha_6 Tobin'Q_{i,t} + \alpha_7 Type_{i,t} +$$
$$\alpha_8 Power_{i,t} + \alpha_9 First-Holder_{i,t} + \alpha_{10} Age_i + \alpha_{11} LAT_t + \alpha_{12} IND_i + \alpha_{13} Year +$$
$$\alpha_{14} GDP_{n,t} + \varepsilon_{i,t} \quad (3-6)$$

$$RDratio_{i,t} = \alpha_1 + \alpha_2 Ranking_{n,t} + \alpha_3 Size_i + \alpha_4 Lev_{i,t} + \alpha_5 ROA_{i,t} + \alpha_6 Tobin'Q_{i,t} + \alpha_7 Type_{i,t} +$$
$$\alpha_8 Power_{i,t} + \alpha_9 First-Holder_{i,t} + \alpha_{10} Age_i + \alpha_{11} LAT_t + \alpha_{12} IND_i + \alpha_{13} Year +$$
$$\alpha_{14} GDP_{n,t} + \varepsilon_{i,t} \quad (3-7)$$

其中，$RDratio_{i,t}$ 代表 i 公司在 t 期的研发密度，$DIG_{n,t}$ 代表 n 城市在 t 期的数字政务指数，$Ranking_{n,t}$ 代表 n 城市在 t 期的政务数字化程度排名。α_2 是本部分重点关注的系数，它度量了城市政务数字水平对企业创新的影响力度。当模型（3-6）的 α_2 显著为正时，说明城市层面的数字政务指数越高对企业创新意愿的促进作用越强；当模型（3-7）的 α_2 显著为负时，说明城市数字政务水平排名越靠前（即排名越小）对企业创新意愿的促进作用越强。

模型中余下的控制变量分别控制了企业特征和宏观环境对结果的影响。其中，$Size_{i,t}$ 代表 i 公司在 t 期的规模，$Lev_{i,t}$ 代表 i 公司在 t 期的资产负债率，$ROA_{i,t}$ 代表 i 公司在 t 期的资产回报率，$Tobin'Q_{i,t}$ 代表 i 公司在 t 期的市值账面值比，$Type_i$ 代表 i 公司的企业性质，$Power_{i,t}$ 代表 i 公司在 t 期的市场势力，$First\text{-}Holder_{i,t}$ 代表 i 公司在 t 期的第一大股东持股比例，Age_i 代表 i 公司从成立至2019年的存续期，$LAT_{i,t}$ 代表 i 公司在 t 期的流动资产周转率，$GDP_{n,t}$ 代表 n 城市在 t 期的国民生产总值。IND_i 代表 i 公司所处行业，$Year$ 代表年度哑变量，IND_i 和 $Year$ 用来控制行业效应和年度效应。

二、回归分析

1. 描述性统计

表3-9报告了本部分涉及的解释变量、被解释变量和主要控制变量的描述性统计结果，为了避免极端值的影响，均进行了1%的缩尾处理。从表3-9中可以看到，城市层面的数字政务指数最大值为16.838 7，最小值为0.895 3，最大值是最小值的近20倍，说明城市间的政务数字化发展程度存在较大差异，有的城市政务数字化已经相当发达，而有的城市尚处于起步阶段。此外，尽管城市间的政务数字程度排名变化不大，但同一个城市不同年份的数字政务指数变化较大，表明各城市都在加快政务数字化建

设。政务数字指数的均值为 4.62，更靠近最小值，说明大部分城市的数字政务水平并不高，还处在发展阶段。研发密度的最大值为 0.225 3，最小值为 0，说明并不是所有的企业都有研发投入，一部分企业即使在政务数字化程度不断提升的环境下也仍然选择不进行创新活动。另一部分企业则有较强的研发意愿，愿意将近五分之一的收入投入研发活动。研发费用对数的最大值为 23.321 2，最小值为 12.77，说明即使只考虑有研发投入的企业，其投入金额也存在较大差异。研发费用对数均值为 18.203 3，更靠近最大值，说明有创新投入的企业其投入水平是较高的。研发效率的观测值为 5 125，研发投入对数的观测值为 3 958，说明样本当中有 1 167 个观测变量没有进行研发活动，占总观测值的 23%，而进行研发活动的样本占总观测值的 77%，这表明在政务数字化飞速发展的大环境下，有创新意愿的企业占到了大多数，是不愿因进行创新活动企业的 3 倍。其他变量为企业特征控制变量，此处不再逐一阐述。

表 3-9 变量的描述统计

变量	观测值	平均值	标准差	最小值	最大值
$RDratio$	5 125	0.041 6	0.044 6	0.000 0	0.225 3
$lnRD$	3 958	18.203 3	1.254 1	12.770 0	23.321 2
DIG	5 125	4.620 7	4.263 9	0.895 3	16.838 7
$Ranking$	5 125	20.900 0	24.641 9	1.000 0	100.000 0
$Size$	5 125	21.419 2	1.376 0	18.349 0	25.934 5
Lev	5 125	39.345 9	18.893 5	6.337 0	94.778 7
ROA	5 125	5.732 1	8.265 6	-41.065 7	25.021 0
$Tobin'Q$	5 125	3.362 3	2.583 5	0.631 7	20.699 0
$Type$	5 125	0.211 8	0.408 6	0.000 0	1.000 0
$Power$	5 125	1.703 6	1.156 0	0.299 4	23.788 3
$First\text{-}Holder$	5 125	32.927 0	14.148 0	4.150 0	82.550 0
Age	5 125	18.690 4	5.277 2	3.000 0	59.000 0
LAT	5 125	1.092 4	0.651 7	0.117 2	5.282 3
GDP	5 125	9.489 4	0.779 4	6.311 6	10.394 5

2. 主回归分析

表3-10报告了模型的初步回归结果。第（1）列为加入控制变量的模型（3-6）回归结果，第（2）列为未加入控制变量的模型（3-6）回归结果。结果显示，城市的数字政务指数对企业的创新意愿有显著的正向促进作用，数字政务指数越高，企业的研发密度越高，即企业越愿意将收入投入创新活动。城市数字政务指数对研发密度的回归系数为0.000 4，其边际意义为，数字政务指数每增加1个单位，可促进企业研发密度提升0.04%。以广州市为例，其2017年的数字政务指数为8.213，2018年的数字政务指数为11.380 6，增长了3.167。假设广州市企业2017年的研发密度为全样本均值0.041 6，则政务数字水平使其研发密度提升到0.052。第（3）列为加入控制变量的模型（3-7）回归结果，第（4）列为未加入控制变量的模型（3-7）回归结果。结果显示，城市政务数字化排名与企业的研发密度呈显著负相关性，即城市政务数字化排名越靠前，研发密度越高。城市政务数字化排名对研发密度的回归系数为−0.000 1，其边际意义为，排名每上升1名可促进企业研发密度提升0.01%。以上海市为例，2018年上海的政务数字化排第9名，2019年排第4名，上升5个位次。假设上海市企业2018年的研发密度为全样本均值0.041 6，则政务数字水平使其研发密度提升到0.208。

表3-10 城市政务数字化程度对企业创新意愿的影响

变量	模型（3-6）		模型（3-7）	
	(1)	(2)	(3)	(4)
	Rdratio	Rdratio	Rdratio	Rdratio
DGI	0.000 4 (2.19)**	0.001 2 (3.33)***		
Ranking			−0.000 1 (−4.32)***	−0.000 3 (−6.60)***

续表

变量	模型（3-6）		模型（3-7）	
	(1)	(2)	(3)	(4)
	Rdratio	*Rdratio*	*Rdratio*	*Rdratio*
Size	−0.000 3 (−0.46)		−0.000 3 (−0.45)	
Lev	−0.000 3 (−6.79)***		−0.000 3 (−6.83)***	
ROA	−0.000 4 (−4.98)***		−0.000 4 (−4.96)***	
Tobin' Q	0.001 1 (3.97)***		0.001 0 (3.91)***	
Type	−0.002 0 (−1.52)		−0.001 9 (−1.47)	
GDP	0.003 6 (4.08)***		0.002 2 (2.21)**	
Power	0.001 2 (1.04)		0.001 2 (1.03)	
First-Holder	−0.000 1 (−1.92)*		−0.000 1 (−1.92)*	
Age	−0.000 6 (−6.14)***		−0.000 6 (−6.06)***	
Laz	−0.007 2 (−9.71)***		−0.007 3 (−9.82)***	
行业固定效应	控制	控制	控制	控制
年度固定效应	控制	控制	控制	控制
常数项	0.030 5 (2.12)**	0.017 0 (4.45)***	0.047 2 (2.98)***	0.024 6 (6.86)***
观测值	5 125	5 125	5 125	5 125
调整后 R^2	0.41	0.35	0.41	0.35

注：括号里的数字为标准误差；*、**、*** 分别代表在10%、5%、1%的程度上显著。

产生这一结果的可能原因为,政务数字化水平的提升增加了政府办公的透明度和公信力,抑制了企业寻租行为,促使企业将原本用于寻租的资金转移到研发活动中。此外,寻租行为的减少使得政府在分配创新补贴资源时更为公平有效,将创新补贴发放到了更有潜力创新的企业手中,通过精准补贴促进促进了这些企业的研发意愿。

3. 内生性检验

尽管城市政务数字化的发展对企业来说是一个外生性事件,即单个企业无法左右城市数字化发展的步伐,但仍然存在企业整体创新意愿较强,以群体合力推动了城市政务数字化水平的提升,从而产生反向因果的内生性问题。此外,遗漏变量的可能也会引发内生性问题。因此,本部分采用工具变量法来排除内生性问题对结果的干扰。数字政务水平的提升不仅仅表现为政府积极搭建数字政务平台,还表现为平台用户的显著增加。手机作为最常规最便捷的数字平台使用设备,其用户量的增长显著影响着城市数字政务的发展。同时,并没有证据表明移动电话用户数会影响企业的创新意愿。更进一步,考虑到规模效应,本书最终选择用移动电话用户数与固定电话用户数的方差作为工具变量,避免人口基数对结果的影响。城市层面移动电话用户数和固定电话用户数数据来自 Wind 数据库中的宏观行业子库。

表 3-11 报告了工具变量的一阶回归结果,可以看到,工具变量固定电话用户和移动电话用户数方差的回归系数在 1% 的水平上显著,说明工具变量的选取是基本合理的。

表 3-11 工具变量一阶回归结果

变量	Rdratio	Ranking
固定电话用户和移动电话用户数方差	−4.048 91 (−4.18)***	87.278 37 (23.42)***
观测量	4 615	4 615

续表

变量	Rdratio	Ranking
Prob > F	0	0
调整后 R^2	0.351 8	0.560 3

注：括号里的数字为标准误差；*、**、*** 分别代表在10%、5%、1%的程度上显著。

表 3-12 列出了第二阶段工具变量的回归结果。城市数字政务指数与企业研发意愿呈正相关性，而城市政务数字排名与企业研发意愿呈负相关性，两者均在1%置信水平显著，这与表 3-10 的回归结果完全一致。这表明，在考虑了内生性问题之后，本部分结果依然成立。

表 3-12 工具变量检验结果

变量	(1) Rdratio	(2) Rdratio
DGI	0.006 0 (3.71)***	
Ranking		−0.000 3 (−4.07)***
Size	0.000 2 (0.36)	−0.000 0 (−0.06)
Lev	−0.000 3 (−6.86)***	−0.000 3 (−7.51)***
ROA	−0.000 4 (−4.24)***	−0.000 4 (−4.81)***
Tobin' Q	0.001 0 (3.98)***	0.001 2 (4.91)***
Type	0.002 4 (1.33)	−0.001 5 (−1.29)
GDP	−0.014 6 (−2.84)***	−0.001 3 (−0.84)
Power	0.001 3 (1.41)	0.001 1 (1.32)

续表

变量	(1) Rdratio	(2) Rdratio
First-Holder	-0.000 1	-0.000 1
	(-2.06)**	(-2.19)**
Age	-0.000 9	-0.000 6
	(-6.78)***	(-7.17)***
Laz	-0.008 6	-0.007 8
	(-10.16)***	(-11.55)***
常数项	0.145 0	0.026 1
	(2.99)***	(1.35)
观测值	4 615	4 615
调整后 R^2	0.22	0.41

注：括号里的数字为标准误差；*、**、*** 分别代表在10%、5%、1%的程度上显著。

4. 稳健性检验

本部分用企业研发投入的对数替代研发密度进行稳健性检验。企业创新意愿的增加最直接的表现是研发投入的增加（党力 等，2015），因此我们用研发投入的对数（lnRD）作为度量创新意愿的绝对指标，回归结果如表3-13所示。第（1）列报告了将 lnRD 作为被解释变量的模型（3-6）的回归结果，可以看到，城市数字政务指数对企业的研发投入有显著正向影响。第（2）列报告了将 lnRD 作为被解释变量的模型（3-7）的回归结果，可以看到，城市政务数字化程度排名对企业的研发投入有显著负向影响。这一结果与表3-10完全一致，说明本部分的研究结论稳健可靠。

表3-13 稳健性检验结果

变量	(1) lnRD	(2) lnRD
DGI	0.010 7	
	(2.04)**	

续表

变量	(1) lnRD	(2) lnRD
Ranking		−0.003 0 (−2.83)***
Size	0.930 1 (39.99)***	0.929 8 (39.98)***
Lev	−0.007 3 (−5.21)***	−0.007 4 (−5.23)***
ROA	−0.007 2 (−3.54)***	−0.007 1 (−3.49)***
Tobin'Q	0.021 9 (2.34)**	0.021 3 (2.28)**
Type	−0.200 4 (−3.17)***	−0.195 2 (−3.08)***
GDP	0.113 7 (3.55)***	0.084 9 (2.40)**
Power	0.094 8 (6.67)***	0.094 1 (6.66)***
First-Holder	−0.003 8 (−2.63)***	−0.003 8 (−2.63)***
Age	−0.016 5 (−4.24)***	−0.016 2 (−4.17)***
Laz	−0.391 0 (−9.75)***	−0.391 5 (−9.73)***
行业固定效应	控制	控制
年度固定效应	控制	控制
常数项	−2.980 9 (−4.67)***	−2.638 4 (−4.06)***
观测值	3 646	3 646
调整后 R^2	0.58	0.58

注：括号里的数字为标准误差；*、**、*** 分别代表在 10%、5%、1% 的程度上显著。

5. 分组检验

上文研究表明，政务数字化显著促进了企业的创新意愿，而根据前文分析，政务数字化主要通过抑制企业寻租来促进创新意愿。

企业寻租一方面挤占了用于创新活动的资金（Bhagwati et al., 1983），另一方面降低了政府资源分配的效率（罗党论 等，2007；刘勇政 等，2011），夏后学等（2019）的研究发现，在我国抑制寻租能显著促进无寻租行为企业的创新水平。

信息不透明是寻租产生的重要原因（余明桂 等，2008）。政府缺乏过程信息披露意愿，原因在于政府资源分配通常需要经过较长较复杂的审批过程，该过程涉及多个部门多个人员，披露这些过程信息会显著增加政府工作的负担和工作成本并降低工作效率。政府过程信息披露意愿的降低为企业寻租创造了空间，信息披露的黑箱掩盖了企业和政府的违法违规行为，助长了企业寻租（申宇 等，2015；Cai et al., 2011）。

政务数字发展将政府审批流程由纸张信息变为网络电子信息，实现审批流程可视化可追溯，能提高政务信息透明度，增加政府违规操作成本，有效抑制寻租行为。

据此，本书对样本进行分组检验，探讨政务数字化是否通过抑制寻租促进了无寻租企业的创新水平。

企业与政府关系越密切越容易导致寻租行为。据此，本书按照政治关联程度对样本进行打分并分组。首先，设置定序变量，用 $PCLevel$ 表示。若企业董事长或总经理曾经或当前在政府、党（纪委）、人大或政协常设机构、检察院和法院任职，则分四级对 $PCLevel$ 赋值：科级干部 $PCLevel$ 取值为1，处级干部 $PCLevel$ 取值为2，厅级干部 $PCLevel$ 取值为3，部级干部 $PCLevel$ 取值为4，无政治关联 $PCLevel$ 取值为0（贾明、张喆，2010；Fan et al., 2007）。然后，将 $PCLevel$ 为4的样本和 $PCLevel$ 为0的样本进行对比，结果如表3-14所示。

表 3-14 政治关联程度的影响

变量	政治关联程度为 4		政治关联程度为 0	
	(1)	(2)	(3)	(4)
	Rdratio	Rdratio	Rdratio	Rdratio
DGI	0.000 0 (0.03)		0.001 0 (2.86)***	
Ranking		-0.000 1 (-0.91)		-0.000 2 (-3.91)***
Size	-0.000 5 (-0.19)	-0.000 6 (-0.22)	0.002 5 (1.77)*	0.002 6 (1.79)*
Lev	-0.000 5 (-2.46)**	-0.000 5 (-2.62)***	-0.000 4 (-4.61)***	-0.000 4 (-4.58)***
ROA	-0.001 6 (-3.90)***	-0.001 6 (-3.87)***	-0.000 8 (-4.49)***	-0.000 7 (-4.34)***
Tobin'Q	0.000 1 (0.07)	0.000 0 (0.01)	0.003 0 (4.27)***	0.003 1 (4.05)***
Type	-0.003 1 (-0.63)	-0.003 3 (-0.66)	-0.000 4 (-0.15)	-0.000 2 (-0.07)
GDP	0.008 5 (2.34)**	0.006 3 (1.74)*	0.002 3 (1.44)	0.001 6 (0.86)
Power	0.007 6 (3.69)***	0.007 4 (3.69)***	0.005 8 (3.88)***	0.005 8 (4.02)***
First-Holder	0.000 1 (0.47)	0.000 1 (0.56)	-0.000 2 (-2.59)***	-0.000 2 (-2.63)***
Age	-0.001 0 (-2.63)***	-0.001 0 (-2.77)***	-0.000 8 (-4.13)***	-0.000 7 (-3.63)***
Laz	-0.007 8 (-2.33)**	-0.007 7 (-2.30)**	-0.013 7 (-7.36)***	-0.013 8 (-7.27)***
行业固定效应	控制	控制	控制	控制
年度固定效应	控制	控制	控制	控制

续表

变量	政治关联程度为4		政治关联程度为0	
	（1）	（2）	（3）	（4）
	Rdratio	Rdratio	Rdratio	Rdratio
常数项	-0.060 8 (-0.99)	-0.037 3 (-0.52)	0.006 2 (0.21)	0.019 7 (0.58)
观测值	666	666	3 651	3 651
调整后 R^2	0.51	0.51	0.50	0.50

注：括号里的数字为标准误差；*、**、*** 分别代表在10%、5%、1%的程度上显著。

表3-14的第（1）列和第（2）列分别列示了 PCLevel 为4，即政治关联程度最强的样本中，城市政务数字化程度与企业创新意愿的关系。可以看到，数字政务指数与研发密度没有显著相关性，政务数字化程度排名与研发密度也没有显著相关性。这说明，在政治关联度比较强的企业，政务数字化无法促进其创新意愿，造成这种结果的原因可能有两种：一是政治关联度高的企业可以通过寻租获取政府资源，因此政务数字化的促进作用不显著；二是政务数字化使得原本属于高政治关联企业的资源被分配到其他企业，抑制了政治关联企业的创新意愿。第（3）列和第（4）列分别列示了 PCLevel 为0，即没有政治关联的样本中，城市政务数字化程度与企业创新意愿的关系。可以看到，数字政务指数与研发密度有显著正相关关系，政务数字化程度排名与研发密度有显著负相关关系。这说明，在政治关联度低的企业，政务数字化能够显著提升企业的创新意愿，这可能是政务数字化优化政府资源分配带来的。

企业之间的性质差异是我国资本市场的重要特点。国有企业与政府关系密切，在资源分配的过程中，政府更容易倾向于国有企业，国有企业也更有可能向政府寻租（董晓庆 等，2014）。据此，我们将样本按照企业性质分为国有企业组和非国有企业组，回归结果如表3-15所示。

表 3-15　企业性质的影响

变量	国有企业		非国有企业	
	（1）	（2）	（3）	（4）
	$Rdratio$	$Rdratio$	$Rdratio$	$Rdratio$
DGI	0.000 3 (0.88)		0.000 5 (2.27)**	
$Ranking$		0.000 0 (0.15)		-0.000 2 (-5.14)***
$Size$	0.002 3 (2.87)***	0.002 3 (2.86)***	0.000 4 (0.43)	0.000 5 (0.48)
Lev	-0.000 3 (-4.66)***	-0.000 3 (-4.66)***	-0.000 5 (-7.87)***	-0.000 4 (-7.90)***
ROA	-0.000 3 (-1.37)	-0.000 3 (-1.34)	-0.000 5 (-5.15)***	-0.000 5 (-5.10)***
$Tobin'Q$	0.001 7 (3.78)***	0.001 7 (3.78)***	0.001 8 (4.97)***	0.001 8 (4.91)***
GDP	-0.000 9 (-0.70)	0.000 1 (0.04)	0.004 6 (3.96)***	0.002 7 (2.09)**
$Power$	0.002 5 (1.38)	0.002 5 (1.36)	0.001 0 (0.81)	0.001 0 (0.79)
$First\text{-}Holder$	-0.000 3 (-3.84)***	-0.000 3 (-3.81)***	-0.000 1 (-2.18)**	-0.000 1 (-2.14)**
Age	-0.000 4 (-2.26)**	-0.000 3 (-2.20)**	-0.000 9 (-6.97)***	-0.000 9 (-6.93)***
Laz	-0.006 5 (-9.48)***	-0.006 5 (-9.49)***	-0.013 6 (-11.41)***	-0.013 6 (-11.39)***
行业固定效应	控制	控制	控制	控制
年度固定效应	控制	控制	控制	控制
常数项	0.016 1 (0.88)	0.007 8 (0.36)	-0.012 5 (-0.60)	0.009 4 (0.43)
观测值	1 401	1 401	3 721	3 721
调整后 R^2	0.23	0.23	0.36	0.36

注：括号里的数字为标准误差；*、**、*** 分别代表在 10%、5%、1% 的程度上显著。

表 3-15 的第（1）列和第（2）列分别报告了国有企业样本中，城市数字政务指数和政务数字化程度排名与研发密度的关系，可以看到，两者对国有企业的研发意愿均没有显著影响。第（3）列和第（4）列分别报告了非国有企业样本中，城市数字政务指数和政务数字化程度排名与研发密度的关系，可以看到，数字政务指数显著正向影响企业研发意愿，政务数字化排名显著负向影响企业研发意愿，这说明地区政务数字化的发展会显著提升非国有企业创新意愿。

企业寻租是信息不对称和监管缺位造成的，而在经济发展水平较高的城市，信息传播的速度更快传播范围更广，信息不对称程度较低。同时，这类城市的管理水平也较高，政府职能行使更规范，监管较完备。据此，本书将样本按照 GDP 水平进行分组，结果如表 3-16 所示。

表 3-16　GDP 水平的影响

变量	GDP 前 25%		GDP 后 25%	
	（1）	（2）	（3）	（4）
	Rdratio	Rdratio	Rdratio	Rdratio
DGI	0.007 4 (1.75)*		0.004 8 (2.55)**	
Ranking		−0.000 7 (−1.23)		−0.000 1 (−2.39)**
Size	−0.000 8 (−0.94)	−0.000 7 (−0.80)	−0.000 1 (−0.16)	−0.000 1 (−0.12)
Lev	−0.000 2 (−2.59)***	−0.000 2 (−2.63)***	−0.000 1 (−1.72)*	−0.000 1 (−1.72)*
ROA	−0.000 6 (−2.61)***	−0.000 6 (−2.60)***	−0.000 4 (−3.26)***	−0.000 4 (−3.29)***
Tobin' Q	0.000 6 (1.65)*	0.000 6 (1.65)	0.000 1 (0.18)	0.000 1 (0.19)
Type	−0.003 8 (−2.19)**	−0.003 7 (−2.13)**	−0.001 5 (−0.68)	−0.001 8 (−0.77)

续表

变量	GDP 前 25%		GDP 后 25%	
	（1）	（2）	（3）	（4）
	Rdratio	Rdratio	Rdratio	Rdratio
Power	0.003 0 (3.63)***	0.003 0 (3.56)***	0.008 6 (5.39)***	0.008 6 (5.33)***
First-Holder	-0.000 0 (-0.91)	-0.000 1 (-1.00)	-0.000 1 (-0.83)	-0.000 1 (-0.78)
Age	-0.000 3 (-1.59)	-0.000 3 (-1.85)*	-0.000 5 (-2.28)**	-0.000 5 (-2.25)**
Laz	-0.003 7 (-3.82)***	-0.003 9 (-3.91)***	-0.007 2 (-6.60)***	-0.007 2 (-6.57)***
行业固定效应	控制	控制	控制	控制
年度固定效应	控制	控制	控制	控制
常数项	0.038 1 (1.73)*	0.066 1 (3.65)***	-0.007 1 (-0.34)	0.007 0 (0.35)
观测值	1 041	1 041	1 274	1 274
调整后 R^2	0.46	0.45	0.40	0.40

注：括号里的数字为标准误差；*、**、*** 分别代表在 10%、5%、1%的程度上显著。

表 3-16 的第（1）列和第（2）列分别报告了 GDP 水平排名前 25%的样本中，数字政务指数和政务数字化程度排名与企业研发密度的关系。可以看到，数字政务指数对研发意愿的影响仅在 10%水平显著，而政务数字化排名对研发意愿没有明显作用。这说明，在经济发展较好的城市中，政务数字化并不能促进企业的创新意愿。第（3）列和第（4）列分别报告了 GDP 水平排名后 25%的样本中，数字政务指数和政务数字化程度排名与企业研发密度的关系。可以看到，数字政务指数与企业创新意愿有显著正相关关系，政务数字化排名与企业创新意愿有显著负相关关系，这说明政务数字化水平的提升能显著促进经济发展较落后地区企业的创新意愿。

6. 机制检验

通过对样本按照政治关联程度、企业性质和 GDP 发展水平进行分组分析，可以初步得出政务数字化能通过抑制企业寻租行为，提升没有寻租能力企业的创新意愿。本部分我们将用中介效应模型进一步验证其中的机制。

政府补贴是企业创新的重要资源，在促进企业创新上起到了积极作用。首先，政府补贴有直接的激励效应。政府补贴可以克服市场失灵，优化资源配置，通过缓解企业创新活动的融资约束问题，激发企业的创新意愿（邓若冰，2018；邢斐 等，2018）。其次，政府补贴被视作企业收入的一部分，而收入的增加能够提升企业的利润水平，进而促进创新投资（白俊红，2011）。政府补贴还具有信号效应。创新活动存在严重的信息不对称问题，造成企业创新融资困难。而获得政府补贴代表着政府对企业创新行为的认可，向投资者传递了创新活动质量高、创新成功率高等积极信号，增强了投资者信心，缓解了融资约束进而促进企业创新（郭玥，2018）。

长期以来，寻租行为降低了政府补贴的效率，扭曲了资源配置，使得一部分具有创新潜力的公司因为没有寻租而错失了创新的机会，抑制了其创新意愿。政务数字化的发展则能够缓解企业的寻租行为，使政府补贴的分配更有效率。据此我们提出如下假设：政务数字化通过促进政府补贴，提升企业创新意愿。

本部分建立如下中介效应模型，考察政务数字化是否通过优化创新资源配置，增加政府补贴来提升企业创新意愿。参照杨洋等（2015）的方法，用企业获得的收益性创新补贴（$Subsidy_{i,t}$）来衡量补贴水平，回归结果如表 3-17 所示。

$$Subsidy_{i,t} = \alpha_1 + \alpha_2 Rdratio_{n,t} + \alpha_3 Size_i + \alpha_4 Lev_{i,t} + \alpha_5 ROA_{i,t} + \alpha_6 Tobin'Q_{i,t} + \alpha_7 Type_{i,t} + \alpha_8 Power_{i,t} + \alpha_9 First\text{-}Holder_{i,t} + \alpha_{10} Age_i + \alpha_{11} LAT_t + \alpha_{12} IND_i + \alpha_{13} Year + \alpha_{14} GDP_{n,t} + \varepsilon_{i,t} \tag{3-8}$$

$$RDratio_{i,t} = \alpha_1 + \alpha_2 Rdratio_{n,t} + \alpha_{15} Subsidy_{i,t} + \alpha_3 Size_i + \alpha_4 Lev_t + \alpha_5 ROA_{i,t} + \alpha_6 Tobin'Q_{i,t} +$$
$$\alpha_7 Type_{i,t} + \alpha_8 Power_{i,t} + \alpha_9 First\text{-}Holder_{i,t} + \alpha_{10} Age_i + \alpha_{11} LAT_t + \alpha_{12} IND_i +$$
$$\alpha_{13} Year + \alpha_{14} GDP_{n,t} + \varepsilon_{i,t} \qquad (3-9)$$

$$Subsidy_{i,t} = \alpha_1 + \alpha_2 Ranking_{n,t} + \alpha_3 Size_i + \alpha_4 Lev_t + \alpha_5 ROA_{i,t} + \alpha_6 Tobin'Q_{i,t} + \alpha_7 Type_{i,t} +$$
$$\alpha_8 Power_{i,t} + \alpha_9 First\text{-}Holder_{i,t} + \alpha_{10} Age_i + \alpha_{11} LAT_t + \alpha_{12} IND_i + \alpha_{13} Year +$$
$$\alpha_{14} GDP_{n,t} + \varepsilon_{i,t} \qquad (3-10)$$

$$Subsidy_{i,t} = \alpha_1 + \alpha_2 Ranking_{n,t} + \alpha_3 Size_i + \alpha_4 Lev_t + \alpha_5 ROA_{i,t} + \alpha_6 Tobin'Q_{i,t} + \alpha_7 Type_{i,t} +$$
$$\alpha_8 Power_{i,t} + \alpha_9 First\text{-}Holder_{i,t} + \alpha_{10} Age_i + \alpha_{11} LAT_t + \alpha_{12} IND_i + \alpha_{13} Year +$$
$$\alpha_{14} GDP_{n,t} + \varepsilon_{i,t} \qquad (3-11)$$

表 3-17 政府补贴的中介效应分析

变量	(1) 模型 (3-6) Rdratio	(2) 模型 (3-8) Subsidy	(3) 模型 (3-9) Rdratio	(4) 模型 (3-7) Rdratio	(5) 模型 (3-10) Subsidy	(6) 模型 (3-11) Rdratio
DGI	0.000 8 (2.43)**	0.031 1 (3.70)***	0.000 5 (1.73)*			
Subsidy			0.008 4 (8.95)***			0.008 5 (9.08)***
Ranking				-0.000 1 (-3.61)***	-0.003 2 (-1.89)*	-0.000 1 (-3.26)***
Size	0.001 3 (1.00)	0.907 2 (23.56)***	-0.006 4 (-5.20)***	0.001 3 (1.02)	0.909 0 (23.04)***	-0.006 4 (-5.30)***
Lev	-0.000 4 (-4.98)***	0.000 4 (0.16)	-0.000 4 (-5.38)***	-0.000 4 (-4.94)***	0.000 5 (0.22)	-0.000 4 (-5.38)***
ROA	-0.000 8 (-5.84)***	-0.003 4 (-0.92)	-0.000 8 (-5.83)***	-0.000 8 (-5.75)***	-0.003 5 (-0.93)	-0.000 8 (-5.76)***
Tobin'Q	0.002 5 (3.47)***	0.027 0 (1.78)*	0.002 2 (3.41)***	0.002 4 (3.31)***	0.027 6 (1.73)*	0.002 2 (3.28)***
Type	-0.002 1 (-0.99)	0.046 4 (0.49)	-0.002 5 (-1.23)	-0.002 1 (-0.99)	0.037 7 (0.39)	-0.002 5 (-1.20)

续表

变量	(1) 模型（3-6） *Rdratio*	(2) 模型（3-8） *Subsidy*	(3) 模型（3-9） *Rdratio*	(4) 模型（3-7） *Rdratio*	(5) 模型（3-10） *Subsidy*	(6) 模型（3-11） *Rdratio*
GDP	0.003 0 (2.30)**	-0.049 3 (-1.06)	0.003 4 (2.85)***	0.002 6 (1.72)*	-0.012 5 (-0.24)	0.002 7 (1.99)**
Power	0.005 7 (4.44)***	0.114 9 (3.37)***	0.004 7 (4.02)***	0.005 7 (4.44)***	0.116 9 (3.38)***	0.004 7 (4.04)***
First-Holder	-0.000 1 (-1.97)**	-0.003 7 (-1.60)	-0.000 1 (-1.53)	-0.000 1 (-1.88)*	-0.003 6 (-1.54)	-0.000 1 (-1.46)
Age	-0.000 8 (-5.22)***	-0.017 6 (-2.98)***	-0.000 7 (-4.65)***	-0.000 8 (-4.87)***	-0.015 2 (-2.59)***	-0.000 6 (-4.40)***
Laz	-0.013 3 (-8.26)***	-0.607 6 (-10.04)***	-0.008 2 (-5.98)***	-0.013 2 (-8.19)***	-0.604 2 (-9.89)***	-0.008 1 (-5.98)***
行业固定效应	控制	控制	控制	控制	控制	控制
年度固定效应	控制	控制	控制	控制	控制	控制
常数项	-0.030 2 (-1.14)	-2.104 2 (-2.48)**	0.026 1 (0.98)	-0.024 7 (-0.80)	-2.412 0 (-2.52)**	0.034 4 (1.14)
观测值	4 975	4 975	4 975	4 975	4 975	4 975
调整后 R^2	0.48	0.48	0.53	0.48	0.48	0.53

注：括号里的数字为标准误差；*、**、*** 分别代表在10%、5%、1%的程度上显著。

表3-17的第（2）列结果表明，数字政务指数对企业获得的政府补贴有显著正向作用，政务数字水平越高，企业获得的补贴越多。第（3）列结果显示，在模型（3-6）中加入政府补贴变量后，政府补贴变量和数字政务指数依然显著，且方向没有发生变化，表明政府补贴是数字政务指数促进企业创新意愿的中介机制。第（5）列结果表明，政务数字化排名对企业获得的政府补贴有显著负向作用，政务数字水平排名越靠前，企业获得的补贴越多。第（6）列结果显示，在模型（3-7）中加入政府补贴变

量后，政府补贴变量和政务数字化排名变量依然显著，且方向不变，再次表明政府补贴是政务数字化促进企业创新意愿的中介机制。

7. 结论

本部分研究发现，城市政务数字化水平的提升能够显著促进企业的创新意愿，使企业将更多的收入投入创新活动。通过对样本按照政治关联程度、企业性质和所在地 GDP 水平进行分组研究发现，政务数字化对企业创新的正向作用在政治关联程度低、非国有企业和 GDP 水平较低的区域更显著，从而表明政务数字化抑制了寻租行为，提升了没有寻租能力企业的创新意愿。进一步中介效应检验发现，政务数字化对寻租的抑制优化了资源配置，提高了企业获得政府补贴的水平，进而促进了创新。

第三节　数字金融与人口出生率

综上，本书已经证明，企业数字化转型能够从助力企业融资，促进企业创新投入，树立企业良好形象等多个维度对企业创新行为产生积极影响。数字化技术的应用不仅已经深入至企业，也应用到了其他方面，如金融环境。本节想要探讨的是：数字化除了能直接作用于企业外，是否能通过影响外部环境来助力企业创新？

据此，本书研究数字金融是否能促进人口出生率。选择以此为切入点是因为，首先，人口出生率一定程度上代表了市场需求，而市场需求是企业创新的根本动力；其次，人口出生率是人才储备的基础，而丰富的人才和劳动力是企业创新的必要条件。

一、研究设计

1. 数据来源与样本选择

本部分参考大量相关文献,选取了2011—2019年北京大学数字金融研究中心发布的省级数字普惠金融指数作为数字普惠金融发展水平的代理变量(张勋、杨桐、汪晨 等,2020;何宗樾、宋旭光,2020)。该数据覆盖了中国内地31个省区市,不仅包括根据33个具体指标编制的数字普惠金融总指数,还提供了数字支付、数字保险、数字信贷和数字理财等分类指数,为本部分深入分析数字普惠金融的影响机制提供了有利条件。对于地区生育水平,本部分采用了中国各省级政府发布的2011—2019年的出生率数据,这也是唯一能完整获取的官方公布并承认的数据(乔晓春、朱宝生,2018)。其他交互变量和控制变量数据均来自Wind数据库或从统计年鉴爬取。经过数据清洗、匹配和处理,共得到31个省区市的279条观测值,以满足回归分析的样本数量要求。

2. 变量定义

本部分采用了各省级政府每年发布的出生率(又称粗出生率,Crude Birth Rate)作为被解释变量。这是因为,在本部分的研究时间段(2011—2019年)内,除了2010年的第六次人口普查数据比较接近,并没有可以使用的、随时间变化的总和生育率的可靠数据,并且学术界普遍认为由于出生漏报等原因,人口普查得到的生育率数值并不准确(尹文耀、姚引妹、李芬,2013;郭志刚,2008)。更重要的是,已有研究发现用出生率来代替总和生育率的影响非常小且不重要(Entwisle,1981),并且出生率和总和生育率之间存在可估计的特定参数关系(乔晓春、朱宝生,2018)。出生率的定义为每千人中的新生儿数量,能够较为客观地反映各地区人口的生育水平。

在控制变量方面,已有文献认为经济增长、收入水平、教育水平、人口城镇化、人口老龄化、房价以及子女养育成本是影响生育水平的重要因素。因此,本部分参考已有研究相应地选取了人均GDP(丁宏,2017;任栋、李萍,2015)、人均可支配收入(熊永莲、谢建国,2016)、地区教育水平(任栋、李萍,2015;熊永莲、谢建国,2016)、城镇化水平(尹文耀、姚引妹、李芬,2013)、抚养比(徐升艳、夏海勇,2011)、房价(易君健、易行健,2008)以及物价水平CPI(任栋、李萍,2015)作为控制变量,以控制地区差异带来的影响。

此外,在机制分析部分,本书还选取了NGO数量、无偿献血率等来衡量社会资本(雷光勇、邱保印、王文忠,2014;张茵、刘明辉、彭红星,2017),使用社会保障深度和广度来衡量社会保障水平,以及使用银行个人消费贷款余额和快递业务量来反映负债性消费水平等,通过分析交互作用来明确数字普惠金融的影响机制。

具体的变量定义如表3-18所示。

表3-18 主要变量定义

	名称	符号	定义
被解释变量	出生率	CBR	出生人数除以年平均总人口(‰)
解释变量	数字普惠金融	$FTindex$	北京大学数字金融研究中心发布的数字普惠金融指数
	数字普惠金融-支付	$Payment$	支付业务使用深度
	数字普惠金融-保险	$Insurance$	保险业务使用深度
	数字普惠金融-信贷	$Credit$	信贷业务使用深度,主要指互联网消费贷和小微经营贷
	数字普惠金融-投资	$Investment$	投资业务使用深度,主要指互联网投资理财

续表

名称		符号	定义
控制变量	人均GDP	*Capita GDP*	人均GDP（万元）
	居民可支配收入	*Capita DPI*	人均可支配收入（万元）
	物价水平	*CPI*	居民消费价格指数
	房价	*Property Price*	住宅商品房平均价格（万元）
	城镇化率	*Urbanization*	城镇化率=城镇常住人口/总人口
	少年儿童抚养比	*Youth Dependency*	少年儿童人口数与劳动年龄人口数之比
	老年人口抚养比	*Elder Dependency*	老年人口数与劳动年龄人口数之比
	人口教育水平	*Education*	中专及以上学历人口占比
交互变量	社会资本		
	非政府组织	*NGO*	民政统计年鉴公布的非政府组织数量除以所在省份总人口数（每万人）
	自愿无偿献血比例	*Blood Donation*	各省自愿无偿献血占采集临床用血比例
	社会保障		
	社会保障深度	*Social Security Depth*	地方公共财政社会保障和就业支出除以GDP
	社会保障广度	*Social Security Breadth*	地方公共财政社会保障和就业支出除以总人口数（亿元/万人）
	超前消费		
	个人消费贷款余额	*Consumption Loan*	银行个人消费贷款全年平均余额除以人均GDP（万亿元/万元）
	快递业务量	*Delivery Volume*	上年快递业务量（万件）

主要变量的描述性统计如表 3-19 所示。其中，出生率 CBR 的均值为 11.35，即平均每千人中约有 11.35 个新生儿；最大值为 17.89，最小值为 5.36，标准差为 2.72，说明不同地区的出生率存在较大差异。数字普惠金融指数 $FTindex$ 的均值为 202.3，最小值为 16.22，最大值达到 410.3，数值跨度较大。其他四个分类指数的分布也类似，说明不同地区的数字普惠金融发展不甚均衡。

表 3-19　主要变量描述性统计

主要变量	观测值	均值	标准差	最小值	最大值
CBR	279	11.35	2.722	5.360	17.89
FTindex	279	202.3	91.65	16.22	410.3
Payment	279	173.7	89.37	0	379.5
Insurance	279	448.7	215.2	0.250	932.3
Credit	279	128.4	58.20	1.160	282.2
Investment	186	193.6	102.8	9.200	480.1
Capita GDP	279	5.404	2.626	1.641	16.42
Capita DPI	279	2.290	1.083	0.747	6.889
CPI	279	102.5	1.226	100.6	106.3
Property Price	279	7 265	5 396	2 982	38 433
Urbanization	279	0.567	0.131	0.227	0.896
Youth Dependency	279	22.88	6.352	9.880	38.38
Elder Dependency	279	13.83	3.409	6.710	23.82
Education	279	0.218	0.076 2	0.128	0.589
NGO	279	5.064	2.301	1.115	13.75
Blood Donation	270	0.692	0.199	0.160	1
Consumption Loan	279	0.096	0.084	0.001	0.607
Delivery Volume	279	63 641.35	151 136.5	162.72	1 296 196
Social Security Depth	279	0.034 8	0.020 9	0.009 03	0.181
Social Security Breadth	279	0.181	0.126	0.046 0	0.729

3. 模型设计

本部分采用面板数据回归方法，检验各地区数字普惠金融发展对出生率的影响，建立主回归模型（3-12）如下：

$$CBR_{i,t} = \alpha_0 + \alpha_1 FTindex_{i,t} + \alpha_2 CapitaGDP_{i,t} + \alpha_3 CapitaDPI_{i,t} + \alpha_4 CPI_{i,t} +$$
$$\alpha_5 PropertyPrice_{i,t} + \alpha_6 Urbanization_{i,t} + \alpha_7 YouthDependency_{i,t} +$$
$$\alpha_8 ElderDependency_{i,t} + \alpha_9 Education_{i,t} + \varepsilon_{i,t} \quad (3-12)$$

其中，i 代表省（区、市），t 代表年份；$CBR_{i,t}$ 代表 i 省（区、市）在 t 年份的出生率；$FTindex_{i,t}$ 代表 i 省（区、市）在 t 年份的数字普惠金融指数；同理，$CapitaGDP_{i,t}$、$CapitaDPI_{i,t}$、$CPI_{i,t}$、$PropertyPrice_{i,t}$、$Urbanization_{i,t}$、$YouthDependency_{i,t}$、$ElderDependency_{i,t}$、$Education_{i,t}$ 分别代表 i 省（区、市）在 t 年份的人均 GDP、人均可支配收入、物价指数、房价、城镇化水平、少年儿童抚养比、老年人口抚养比以及人口教育水平，是模型（3-12）的控制变量。

在机制分析部分，本书将模型（3-12）中的解释变量由总指数 $FTindex$ 替换为分类指数，包括数字支付（$Payment$）、数字保险（$Insurance$）、数字信贷（$Credit$），并加入了相应的交互变量，从而形成了模型（3-13）、模型（3-14）和模型（3-15）：

$$CBR_{i,t} = \alpha_0 + \alpha_1 Payment_{i,t} + \alpha_2 Payment_{i,t} \times SocialCapital_{i,t} + \alpha_3 SocialCapital_{i,t} +$$
$$\beta Control_{i,t} + \varepsilon_{i,t} \quad (3-13)$$

$$CBR_{i,t} = \alpha_0 + \alpha_1 Insurance_{i,t} + \alpha_2 Insurace_{i,t} \times SocialSecurity_{i,t} + \alpha_3 SocialSecurity_{i,t} +$$
$$\beta Control_{i,t} + \varepsilon_{i,t} \quad (3-14)$$

$$CBR_{i,t} = \alpha_0 + \alpha_1 Credit_{i,t} + \alpha_2 Credit_{i,t} \times ExcessiveConsumption_{i,t} +$$
$$\alpha_3 ExcessiveConsumption_{i,t} + \beta Control_{i,t} + \varepsilon_{i,t} \quad (3-15)$$

其中，与模型（3-12）类似，i 代表省（区、市），t 代表年份；而交互变量 $SocialCapital_{i,t}$、$SocialSecurity_{i,t}$ 和 $ExcessiveConsumption_{i,t}$ 分别代表省（区、市）i 在 t 年份的社会资本、社会保障以及负债性消费（或超前消费）变量。

二、实证分析

1. 主回归分析

表3-20的第(1)列报告了数字普惠金融指数 $FTindex$ 与出生率 CBR 之间的关系,即模型(3-12)的回归结果。可以看出,$FTindex$ 与 CBR 显著正相关,即数字普惠金融越发达,出生率越高,说明数字普惠金融发展整体上能够显著地提高生育水平,数字普惠金融指数每提高100,出生率增加3‰。

表3-20 数字普惠金融与出生率

变量	(1) CBR	(2) CBR	(3) CBR	(4) CBR	(5) CBR	(6) CBR	(7) CBR
$FTindex$	0.030*** (2.85)						
$Payment$		0.013*** (2.59)				0.014* (1.66)	0.018*** (2.97)
$Insurance$			0.006*** (3.53)			0.007*** (2.64)	0.003* (1.91)
$Credit$				−0.001 (−0.20)		0.001 (0.08)	−0.021** (−2.48)
$Investment$					0.001 (0.21)	−0.008 (−1.56)	0.000 (0.13)
$Capita\ GDP$	0.021 (0.20)	0.064 (0.64)	0.057 (0.58)	0.160** (2.00)	0.091 (0.68)	0.024 (0.18)	−0.083 (−0.63)
$Capita\ DPI$	−0.087 (−0.42)	−0.030 (−0.15)	−0.105 (−0.52)	0.047 (0.28)	−0.014 (−0.06)	−0.122 (−0.55)	−0.048 (−0.20)
CPI	0.489*** (3.36)	0.399*** (2.74)	0.436*** (3.06)	0.197 (1.54)	0.318 (1.51)	0.208 (1.01)	−0.452*** (−2.63)

续表

变量	(1) CBR	(2) CBR	(3) CBR	(4) CBR	(5) CBR	(6) CBR	(7) CBR
Property Price	-0.000 (-1.13)	-0.000 (-0.79)	-0.000 (-0.45)	-0.000 (-1.24)	0.000 (0.53)	0.000 (0.76)	0.000 (0.05)
Urbanization	-6.465*** (-2.77)	-5.543** (-2.44)	-4.321* (-1.94)	-2.863 (-1.37)	-4.706 (-1.36)	-9.775*** (-2.61)	-5.147 (-1.39)
Youth Dependency	0.198*** (5.65)	0.180*** (5.01)	0.191*** (5.43)	0.234*** (7.16)	0.223*** (4.84)	0.185*** (4.00)	0.186*** (3.91)
Elder Dependency	-0.115*** (-2.66)	-0.126*** (-2.85)	-0.121*** (-2.78)	-0.140*** (-3.65)	-0.155*** (-2.77)	-0.170*** (-3.09)	-0.206*** (-3.55)
Education	-1.066 (-0.33)	-2.194 (-0.69)	-2.758 (-0.88)	-3.069 (-1.12)	-3.021 (-0.70)	0.863 (0.20)	1.214 (0.28)
常数项	-40.913*** (-2.66)	-30.965** (-2.01)	-35.319** (-2.34)	-11.759 (-0.88)	-21.323 (-1.00)	-11.833 (-0.57)	57.015*** (3.34)
观测值	279	279	279	279	186	186	186
R^2	0.7317	0.7120	0.7111	0.7122	0.7063	0.7218	0.6444
年度固定效应	YES	YES	YES	YES	YES	YES	NO

注：括号里的数字为 t 值；*、**、*** 分别表示在10%、5%、1%的程度上显著。

将模型（3-12）中的总指数 *FTindex* 替换为分类指数 *Payment*、*Insurance*、*Credit* 和 *Investment*，回归结果如列（2）至列（5）所示。结果显示，*Payment* 和 *Insurance* 都与 *CBR* 显著正相关，而 *Credit* 和 *Investment* 的回归系数则并不显著。但进一步把四个分类指数都放入模型，回归结果如列（6）和列（7）所示，*Payment* 和 *Insurance* 的回归系数仍然保持正向且显著，同时 *Credit* 的回归系数也显著为负了，但 *Investment* 的系数仍不显著。这说明，数字支付和数字保险有助于提高生育水平，数字信贷会导致生育水平下降，而数字理财的作用则并不明显。

2. 机制检验

上述实证结果证明，数字普惠金融发展能够显著地提高生育水平，并且初步明确了数字普惠金融的不同维度对生育水平存在差异。接下来，我们通过引入新的变量以及交互项建立了模型（3-13）、模型（3-14）、模型（3-15），对数字普惠金融影响生育水平的内在机理进行了研究和检验。

主回归结果显示，数字支付与出生率显著正相关，支付指数每增加100，出生率提高1.3‰。这说明，虽然数字支付会促进家庭消费（何宗樾、宋旭光，2020；易行健、周利，2018），但并没有显著地挤出生育需求；数字支付可能更多是通过缓解家庭面临的或预期的流动性约束，起到释放生育需求的作用。根据理论分析，数字支付的发展使得转账汇款更加便捷且交易成本更低，有利于家庭快速利用社会资本获得外部帮助（吴小丹、李俊文，2015），从而弱化流动性约束的影响。那么，社会资本是否会调节数字支付对出生率的影响呢？社会资本包括社会信任、互惠行为和社会参与（徐延辉、刘彦，2018），在社会资本比较高的地区，人们更倾向于互助与合作，资金往来和借贷也容易（童馨乐、褚保金、杨向阳，2011）。因此，如果数字支付对家庭生育的影响路径为获得外部帮助、缓解流动性约束，那么社会资本就可能正向地调节数字支付对生育率的影响，即社会资本越高，数字支付的作用可能更大。

我们参考经济金融领域的相关文献，选择了 *NGO*（非政府组织）数量（雷光勇、邱保印、王文忠，2014）和自愿无偿献血率（罗付岩、班旭，2021；张茵、刘明辉、彭红星，2017）作为地区社会资本水平的代理变量。其中，*NGO* 在社会层面上促进了人与人之间的沟通、合作与共享，对增进普遍信任和社会资本形成具有非常积极的影响（谢庆奎、郑珠荣，2011）；而自愿无偿献血率则能够反映一个地区居民整体的公德心和互助精神。将以上交互变量带入模型（3-13）的回归结果如表 3-21 所示。结果显示，交互项的回归系数均与解释变量 *Payment* 的回归系数方向相同且显著,即社会资本越高,数字支付对出生率的影响就越大,与预期一致。这说明,数字支付对生育的促进作用主要是通过社会资本产生影响——数字支付使得家庭能够快速利用社会资本获得外部帮助,从而弱化流动性约束对生育的抑制作用。

表 3-21 数字支付、社会信任与出生率

变量	(1) CBR	(2) CBR	(3) CBR	(4) CBR	(5) CBR
Payment	0.013*** (2.59)	0.000 (0.02)	0.000 (0.16)	0.004 (1.01)	0.005*** (2.77)
Payment×NGO		0.001** (2.50)	0.001*** (2.91)		
NGO		−0.275** (−2.07)	−0.320** (−2.44)		
Payment×Blood Donation				0.010*** (3.30)	0.009*** (2.80)
Blood Donation				0.202 (0.16)	−0.387 (−0.32)
Capita GDP	0.064 (0.64)	0.006 (0.06)	−0.039 (−0.39)	0.170** (1.99)	0.144* (1.65)
Capita DPI	−0.030 (−0.15)	−0.012 (−0.07)	0.007 (0.04)	0.052 (0.32)	0.082 (0.47)
CPI	0.399*** (2.74)	0.170 (1.34)	−0.159*** (−2.98)	0.173 (1.34)	−0.122** (−2.42)
Property Price	−0.000 (−0.79)	−0.000 (−1.08)	−0.000 (−1.19)	−0.000 (−0.85)	−0.000 (−0.90)
Urbanization	−5.543** (−2.44)	0.817 (0.33)	1.276 (0.52)	−4.312* (−1.87)	−4.772** (−2.03)
Youth Dependency	0.180*** (5.01)	0.256*** (7.91)	0.266*** (7.98)	0.247*** (7.19)	0.262 (7.3)

续表

变量	(1) CBR	(2) CBR	(3) CBR	(4) CBR	(5) CBR
Elder Dependency	-0.126*** (-2.85)	-0.183*** (-4.61)	-0.225*** (-5.59)	-0.185*** (-4.57)	-0.233*** (-5.58)
Education	-2.194 (-0.69)	-3.382 (-1.25)	-3.447 (-1.44)	-2.393 (-0.87)	-3.142 (-1.28)
常数项	-30.965** (-2.01)	-9.396 (-0.70)	25.641*** (4.66)	-8.009 (-0.58)	23.820*** (4.59)
观测值	279	279	279	270	270
R^2	0.7120	0.7221	0.6958	0.7296	0.6966
年度固定效应	YES	YES	NO	YES	NO

注：括号里的数字为 t 值；*、**、*** 分别表示在10%、5%、1%的程度上显著。

主回归结果显示，数字保险与出生率显著正相关，保险指数每增加100，出生率提高0.6‰，说明数字保险的发展有助于提高生育水平，排除了替代效应解释（李静，2015）。那么，数字保险的作用机制是否为风险保障呢？

我国育龄女性的生育风险主要由社会保障中的生育保险覆盖，一般通过生育女职工提供生育津贴、生育医疗费用等待遇实现，能够在一定程度高家庭生育（沈政、杨华磊、张文超，2019）。但是，生育保险参少、覆盖人群范围较窄，并且生育保险不保障生育后出现的意外。数字保险作为商业保险满足了家庭的主动避险需求，可帮助临的不确定性和背景风险（尹志超、严雨，2020），是对社会因此，如果数字保险对生育率的影响机制为风险保障，那么越低的地区，数字保险的作用越大；反之，在社会保障水的作用越小。

章深度（Social Security Depth）和社会保障广度（Social 个维度对模型（3-14）进行了检验，回归结果如

表 3-22 所示。结果显示，交互项回归系数的方向与解释变量 Insurance 相反且显著，即社会保障水平越高，数字保险的作用越小；并且，社会保障深度比社会保障广度的调节作用更大。这说明数字保险的确是通过补充社保作用促进生育；尤其当社会保障深度不足时，数字保险的作用

表 3-22 数字保险、社会保障与出生率

	(1)	(2)	(3)	(4)	(5)
	CBR	CBR	CBR	CBR	CBR
	0.006***	0.002	0.001**	0.002	0.001**
	(3.53)	(1.13)	(2.22)	(1.48)	(2.34)
		-0.026**	-0.025*		
		(-2.00)	(-1.92)		
		7.802	12.032		
		(0.92)	(1.36)		
				-0.004	-0.005*
				(-1.41)	(-1.69)
				-0.096	1.234
				(-0.04)	(0.54)
	057	0.059	0.112	0.106	
	3)	(0.62)	(1.36)	(1.21)	
		0.096	0.041	0.138	
		(0.52)	(0.25)	(0.76)	
		-0.140**	0.163	-0.123**	
		(-2.43)	(1.28)	(-2.19)	
		-0.000	0.000	-0.000	
		(-1.15)	(0.39)	(-0.24)	
		-0.984	-4.342**	-4.145*	
		(-0.47)	(-2.05)	(-1.89)	
	283***	0.229***	0.256***		
	8.92)	(7.09)	(7.81)		

续表

变量	(1) CBR	(2) CBR	(3) CBR	(4) CBR	(5) CBR
Elder Dependency	-0.121*** (-2.78)	-0.159*** (-4.23)	-0.171*** (-4.63)	-0.140*** (-3.70)	-0.157*** (-4.19)
Education	-2.758 (-0.88)	-3.896 (-1.42)	-0.726 (-0.31)	-2.135 (-0.79)	0.273 (0.12)
常数项	-35.319** (-2.34)	-11.996 (-0.89)	21.402*** (3.60)	-7.783 (-0.58)	21.335*** (3.65)
观测值	279	279	279	279	279
R^2	0.7111	0.7445	0.7346	0.7486	0.7
年度固定效应	YES	YES	NO	YES	

注：括号里的数字为 t 值；*、**、*** 分别表示在10%、5%、1%的程度上显著。

表3-20第（7）列的主回归结果显示，在控制了其他分类指数下，数字信贷（Credit）与出生率显著负相关，排除了流动性解信贷为什么会降低出生率呢？"成本-效用"理论认为，子女可视"耐用消费品"，家庭通过"消费"（即抚育子女）获得（Becker，1960；郑真真、李玉柱、廖少宏，2009）。那么，家庭对其他消费品的需求有可能会挤出生育需求。已有研究贷能够显著地刺激和提高消费（李江一、李涵，2017），对常性消费都有提升作用（南永清、孙煜，2020）。数字信费信贷的可得性，扩大了适用范围，其与电子商务的共生间内推动了我国居民消费观念和消费行为的改变。2020借呗服务的用户就达到5亿人，每十个"90后"之中费。因此，数字信贷很可能通过刺激超前消费，从而

我们将银行个人消费贷款余额（除以人均GDP）和标准化的快递业务量（Delivery Volume）两个变量检验数字信贷对出生率的影响机制。首先，银行是

款的正规渠道，而数字信贷是对正规金融的补充；此外，银行消费贷款规模过大时还可能通过未来还款压力抑制发展和享受型消费（潘敏、刘知琪，2018）。因此，银行消费贷款余额越高，数字信贷刺激消费的作用就越小，其对出生率的影响也越小；反之，银行消费贷款规模越小，数字信贷的作用就越大。其次，快递量在一定程度上反映了电商消费。在不考虑进出方向的条件下，快递量越多则认为电商消费越多，数字信贷的作用也可能越大。模型（3-15）的回归结果如表3-23所示。结果显示，$Consumption\ Loan$ 与 $Credit$ 的交互项系数与解释变量 $Credit$ 的系数方向相反且显著；而 $Delivery\ Volume$ 与 $Credit$ 的交互项系数与解释变量 $Credit$ 的系数方向相同且显著，与预期一致。这说明数字信贷的确是通过促进家庭超前消费抑制了生育。

表 3-23 数字信贷、超前消费与出生率

变量	(1) CBR	(2) CBR	(3) CBR	(4) CBR	(5) CBR
$Credit$	-0.001 (-0.20)	0.009 (1.41)	-0.004 (-1.27)	0.008 (1.27)	-0.002 (-0.77)
$Credit \times Consumption\ Loan$		0.069*** (3.86)	0.050*** (2.69)		
$Consumption\ Loan$		-13.355*** (-3.16)	-8.448* (-1.93)		
$Credit \times Std\ (Delivery\ Volume)$				-0.001 (-0.43)	-0.005** (-2.05)
$Std\ (Delivery\ Volume)$				0.588 (0.94)	1.661*** (2.59)
$Capita\ GDP$	0.160** (2.00)	-0.047 (-0.45)	0.004 (0.04)	0.023 (0.23)	0.025 (0.23)
$Capita\ DPI$	0.047 (0.28)	-0.082 (-0.40)	0.050 (0.23)	-0.108 (-0.53)	-0.002 (-0.01)

续表

变量	(1) CBR	(2) CBR	(3) CBR	(4) CBR	(5) CBR
CPI	0.197 (1.54)	0.343** (2.31)	-0.223*** (-3.51)	0.372** (2.53)	-0.178*** (-2.91)
$Property\ Price$	-0.000 (-1.24)	-0.000 (-0.11)	-0.000 (-0.70)	-0.000 (-0.57)	-0.000 (-0.92)
$Urbanization$	-2.863 (-1.37)	-3.499 (-1.47)	-3.085 (-1.24)	-4.377* (-1.79)	-4.408* (-1.76)
$Youth\ Dependency$	0.234*** (7.16)	0.206*** (5.86)	0.218*** (6.00)	0.189*** (5.29)	0.198*** (5.41)
$Elder\ Dependency$	-0.140*** (-3.65)	-0.111** (-2.55)	-0.139*** (-3.04)	-0.113*** (-2.59)	-0.138*** (-3.08)
$Education$	-3.069 (-1.12)	-1.116 (-0.35)	0.975 (0.36)	-1.366 (-0.42)	0.188 (0.07)
常数项	-11.759 (-0.88)	-25.950* (-1.65)	33.323*** (4.93)	-28.549* (-1.83)	30.021*** (4.70)
观测值	279	279	279	279	279
R^2	0.7122	0.7212	0.6686	0.7167	0.6679
年度固定效应	YES	YES	NO	YES	NO

注：括号里的数字为 t 值；*、**、*** 分别表示在10%、5%、1%的程度上显著。

3. 稳健性检验

由于家庭人口增加通常伴随着家庭支出和风险提高，因此数字普惠金融与生育率的以上关系有可能是因为生育引起家庭金融需求增加导致的，即可能存在因果倒置的内生性问题。为了排除内生性解释，本书选取了滞后一期的互联网普及率（$Internet\ Penetration\_1$）作为数字普惠金融的工具变量进行稳健性检验。上一年的互联网普及率会影响数字普惠金融的推广和渗透，但与出生率之间没有必然的联系，出生率更不可能反向地影响上一年的互联网普及率。因此，滞后一期的互联网普及率是一个较好的工具变量。

工具变量两阶段回归结果如表 3-24 所示。第一阶段回归结果说明滞后一期的互联网普及率的确与数字普惠金融指数显著正相关，互联网普及率能够很好地估计数字普惠金融指数。将估计的 $FTindex$ 带入模型，得到第二阶段的回归结果，如列（2）所示。可以看出，估计的 $FTindex$ 的回归系数为正且在 1% 的水平上显著，说明即便剔除了家庭金融需求等因素的干扰，数字普惠金融仍然显著地影响出生率，从而排除了以上内生性解释。

表 3-24 数字普惠金融、互联网普及率与出生率

变量	（1）第一阶段 $FTindex$	（2）第二阶段 CBR
$FTindex$		0.124*** (4.72)
$InternetPenetration\_1$	0.507*** (4.64)	
$Capita\ GDP$	3.339*** (5.44)	-0.223* (-1.95)
$Capita\ DPI$	3.735** (2.12)	-0.824*** (-2.73)
CPI	-2.459* (-1.75)	0.745*** (3.81)
$Property\ Price$	0.003*** (9.34)	-0.000** (-2.51)
$Urbanization$	32.023** (2.10)	-8.694*** (-3.39)
$Youth\ Dependency$	0.506*** (3.50)	0.326*** (10.35)

续表

变量	(1) 第一阶段 FTindex	(2) 第二阶段 CBR
Elder Dependency	0.991*** (4.40)	-0.184*** (-8.67)
Education	-137.499*** (-7.95)	12.992*** (2.99)
常数项	233.111 (1.57)	-72.044*** (-3.40)
观测值	279	279
R^2	0.991	0.709
年度固定效应	YES	YES

注：括号里的数字为 t 值；*、**、*** 分别表示在10%、5%、1%的程度上显著。

4. 结论

当前我国适龄人口生育意愿下降，生育水平持续走低，鼓励生育政策效果不明显，在长期严重不利于经济增长和社会稳定。如何提高生育水平成为我国持续稳定发展的关键问题。本部分基于家庭资源跨期配置的视角，结合数字普惠金融的长尾特征，首次提出数字普惠金融会影响生育水平，并采用宏观数据，利用面板模型回归方法进行实证分析。结果显示，数字普惠金融总体上显著地促进了生育，数字普惠金融指数每提高100，出生率增加3‰；但细分维度的影响存在差异，数字支付和数字保险显著地提高了出生率，数字信贷则降低了出生率，数字理财的作用不明显。机制检验发现，数字支付主要通过促进家庭从外部获得帮助、缓解流动性约束来影响生育水平，地区的社会资本水平越高，数字支付对生育的促进作用越大；数字保险通过为家庭提供补充保障来促进生育，地区的社会保障水平越低，尤其社会保障深度不足时，数字保险的作用越大；数字信贷则由于刺激家庭消费对生育产生了挤出效应，地区的银行消费贷款规模越小、快递量越大，数字信贷的生育抑制作用越大。

随着数字金融日益普及并渗透居民日常生活，金融对家庭决策和行为的影响逐渐增大。为此，应充分认识并重视金融在促进人口长期均衡发展中的作用，大力推广数字普惠金融，提高金融服务的可获得性，从而便利家庭利用金融工具管理风险和流动性，减少其在生育问题上的后顾之忧，提升生育意愿。同时，还应适度发展消费信贷、倡导理性消费，避免过度消费挤出生育需求。本部分的研究结论不仅拓宽了相关研究的边界，填补了相关文献的空白，而且为我国主动应对"低生育陷阱"提供了新的思路。

第四章　结　语

第一节　结　论

本书从影响企业创新的内部因素和外部因素着手，探讨内外部多维环境的数字化转型对企业创新的影响。研究结果表明，企业本身的数字化转型和外部环境如区域环境、政府环境和金融环境的数字化转型都会促进企业创新。

在企业层面，首先，数字化转型能对权益融资成本和债务融资风险产生积极影响，为企业创新提供资金支持。数字化转型提高企业的投资效率，降低权益融资成本；数字化转型提高信息透明度和股票交易活跃度，降低债务违约风险。其次，数字化转型提高企业获取外部市场信息，同时整合内部资源的能力，直接促进企业的创新投入和创新产出。最后，数字化转型产生大量可靠信息，有助于监管发现企业的违规行为，进而降低企业的违规倾向，提高其违规被发现的概率。在这样的情况下，企业将树立良好的信誉和形象，获得市场的广泛认可，为持续创新打下坚实的基础。

在外部环境层面，首先，区域数字化能提高区域内信息的含量和可靠性，降低企业和市场间的信息不对称程度，进而减少企业的融资约束，为企业创新解决资金难题。其次，政务数字化转型能抑制企业寻租，促使政府更公平精准地分配创新资源，从而直接促进企业创意愿。最后，金融数字化能降低家庭生育成本，促进人口出生率。为创新提供持续的市场需求和不断的人才储备。综上所述，数字化转型从多个维度促进了企业创新。

第二节 政策启示

我国企业具有数量多、规模大、产品面向全国的特点。一方面，为满足全国市场的需求，我国企业有较大的创新压力，需要增强数据分析处理能力，以提高对客户需求的理解，实现精准创新。另一方面，为推动众多企业创新，我国政府需优化营商环境，提高补贴效率，以最小的摩擦成本尽可能地推动更多企业创新。基于本书的研究结论和我国企业特征，提出以下政策建议。

第一，从企业的角度，应加快数字化转型的步伐。企业应当把握住数字化转型的机遇，高度重视数字化技术产生的重大变革效应，加快组织结构、生产过程、服务流程、信息交流等数字化转型。拥抱数字化不仅能提高运营效率，还能降低企业权益和债务融资成本，提高内部控制水平。此外，数字化带来的海量信息也将使企业明显受益。外部信息量和可靠性的增加，可以使企业精准洞悉市场需求，并根据不同市场的特点对产品进行改进和升级。内部信息量和可靠性的增加，可以让企业进一步整合内部创新资源，同时依托强有力的内部控制实现对创新过程的有效监督，提升创新质量和效率。

第二，从政府的角度，应加大数字化投入，全面建设数字化立体环境。一方面，政府应完善自身的数字化转型。利用数字技术提高办公效率和信息处理甄别能力，实现创新资源的精准快速投放。另一方面，除通过补贴等直接举措促进企业创新以外，政府还应联合发挥各行业的中坚力量，通过金融数字化、区域数字化改善企业营商环境，间接促进企业创新。

第三，从监管的角度，应加深对数字技术的理解，发挥数字化的积极作用。尽管数字化转型能给企业和各行业带来众多正面效应，但也不能忽视新技术下新的违法违规手段的出现。监管部门应加强对数字技术的理解和应用，识别企业利用数字技术违规造假的新手段，规范企业行为。企业创新是一项高风险高投入的活动。在创新过程中，信息的可靠性、信息的透明度对投资者和市场支持企业创新至关重要。对此，除发挥企业本身的自我约束作用以外，监管应加强外部监督，打造良好的信息环境，形成良性的创新循环。

参考文献

[1] 白俊红. 中国的政府 R&D 资助有效吗？来自大中型工业企业的经验证据 [J]. 经济学（季刊），2011，10（3）：1375-1400.

[2] 曾国安，苏诗琴，彭爽. 企业杠杆行为与技术创新 [J]. 中国工业经济，2023（8）：155-173.

[3] 曾敏. 国有资本参股对民营企业研发创新的影响及其作用机制研究 [J]. 经济学家，2023（12）：66-76.

[4] 陈春花，朱丽，宋继文. 学者价值何在？高管学术资本对创新绩效的影响研究 [J]. 经济管理，2018，40（10）：92-105.

[5] 陈春花. 中国企业数字化生存管理实践视角的创新研究 [J]. 管理科学学报，2019，22（10）：1-8.

[6] 陈道富. 我国融资难融资贵的机制根源探究与应对 [J]. 金融研究，2015（2）：45-52.

[7] 陈德球，李思飞，雷光勇. 政府治理、控制权结构与投资决策：基于家族上市公司的经验证据 [J]. 金融研究，2012（3）：124-138.

[8] 陈德球，胡晴. 数字经济时代下的公司治理研究：范式创新与实践前沿 [J]. 管理世界，2022，38（6）：213-240.

[9] 陈冬梅，王俐珍，陈安霓. 数字化与战略管理理论：回顾、挑战与展望 [J]. 管理世界，2020，36（5）：20，220-236.

[10] 陈国进，丁杰，赵向琴."好"的不确定性、"坏"的不确定性与股票市场定价：基于中国股市高频数据分析 [J]. 金融研究，2019（7）：174-190.

[11] 陈剑,黄朔,刘运辉. 从赋能到使能: 数字化环境下的企业运营管理 [J]. 管理世界, 2020, 360 (2): 117-128, 222.

[12] 陈俊杰,穆光宗. 农民的生育需求 [J]. 中国社会科学, 1996 (2): 126-137.

[13] 陈峻,王雄元,彭旋. 环境不确定性、客户集中度与权益资本成本 [J]. 会计研究, 2015 (11): 76-82, 97.

[14] 陈林,万攀兵,许莹盈. 混合所有制企业的股权结构与创新行为: 基于自然实验与断点回归的实证检验 [J]. 管理世界, 2019, 35 (10): 186-205.

[15] 醋卫华,李培功. 媒体监督公司治理的实证研究 [J]. 南开管理评论, 2012, 15 (1): 33-42.

[16] 陈文哲,石宁,梁琪. 可转债能促进企业创新吗?: 基于资本市场再融资方式的对比分析 [J]. 管理科学学报, 2021, 24 (7): 94-109.

[17] 陈修德. 董事会失败容忍会影响企业创新吗? [J]. 管理评论, 2021, 33 (8): 90-103.

[18] 陈岩. 智能服务对数字化时代企业创新的影响 [J]. 科研管理, 2020, 41 (9): 51-64.

[19] 陈艳,郑雅慧,秦妍. 负债融资、资本成本与公司投资效率: 基于债务异质性视角的实证分析 [J]. 经济与管理评论, 2016, 32 (4): 79-86.

[20] 陈运森,谢德仁. 网络位置、独立董事治理与投资效率 [J]. 管理世界, 2011 (7): 113-127.

[21] 程新生,谭有超,刘建梅. 非财务信息、外部融资与投资效率: 基于外部制度约束的研究 [J]. 管理世界, 2012 (7): 137-150, 188.

[22] 程新生,赵旸. 权威董事专业性、高管激励与创新活跃度研究 [J].

管理科学学报，2019，22（3）：40-52.

[23] 池仁勇，郑瑞钰，阮鸿鹏. 企业制造过程与商业模式双重数字化转型研究［J］. 科学学研究，2022，40（1）：172-181.

[24] 戴晨，刘怡. 税收优惠与财政补贴对企业 R&D 影响的比较分析［J］. 经济科学，2008（3）：58-71.

[25] 党力，杨瑞龙，杨继东. 反腐败与企业创新：基于政治关联的解释［J］. 中国工业经济，2015（7）：146-160.

[26] 党文娟，张宗益，康继军. 创新环境对促进我国区域创新能力的影响［J］. 中国软科学，2008（3）：52-57.

[27] 邓建平，曾勇. 政治关联能改善民营企业的经营绩效吗［J］. 中国工业经济，2009（2）：98-108.

[28] 邓可斌，曾海舰. 中国企业的融资约束：特征现象与成因检验［J］. 经济研究，2014，49（2）：47-60，140.

[29] 邓路，刘欢，侯粲然. 金融资产配置与违约风险：蓄水池效应，还是逐利效应？［J］. 金融研究，2020（7）：172-189.

[30] 邓若冰. 产权性质、政府补贴与企业研发投入：基于政治寻租视角［J］. 软科学，2018，32（3）：5-9.

[31] 翟光宇，武力超，唐大鹏. 中国上市银行董事会秘书持股降低了信息披露质量吗?：基于2007—2012年季度数据的实证分析［J］. 经济评论，2014（2）：127-138.

[32] 翟华云，李倩茹. 企业数字化转型提高了审计质量吗?：基于多时点双重差分模型的实证检验［J］. 审计与经济研究，2022，37（2）：69-80.

[33] 翟淑萍. 数字金融能降低企业债务违约风险吗［J］. 会计研究，2022（2）：117-131.

[34] 丁宏. 增加政府转移支付是否会有助于改善生育率：基于 OECD 国家的门槛回归模型检验［J］. 南开经济研究，2017（4）：59-72.

[35] 董晓庆,赵坚,袁朋伟. 国有企业创新效率损失研究 [J]. 中国工业经济,2014 (2):97-108.

[36] 都阳. 中国低生育率水平的形成及其对长期经济增长的影响 [J]. 世界经济,2005 (12):14-23.

[37] 杜善重. 家族企业创新投入中的"非家族力量":基于股东治理的视角 [J]. 南开管理评论,2022,25 (5):4-17,53.

[38] 杜兴强,郭剑花,雷宇. 政治联系方式与民营上市公司业绩:"政府干预"抑或"关系"?[J]. 金融研究,2009 (11):158-173.

[39] 段云龙,柳艳,吴广伟. CEO职能经历丰富度对企业创新质量的影响 [J]. 科研管理,2023,44 (1):173-182.

[40] 方巧玲,余怒涛,徐慧. 数字化转型的治理效应研究:会计信息质量视角 [J]. 会计研究,2024 (3):34-50.

[41] 高洪利,李莉,吕晨. 管理层投资视野、技术熟悉度与企业创新决策 [J]. 南开管理评论,2022,25 (4):79-90.

[42] 高廷帆,陈甫军. 区块链技术如何影响审计的未来:一个技术创新与产业生命周期视角 [J]. 审计研究,2019 (2):3-10.

[43] 高勇强,聂雨朦,何晓斌. 企业家出身背景与创新投入的关系研究 [J]. 科研管理,2023,44 (3):158-166.

[44] 顾夏铭,陈勇民,潘士远. 经济政策不确定性与创新:基于我国上市公司的实证分析 [J]. 经济研究,2018,53 (2):109-123.

[45] 顾元媛,沈坤荣. 地方政府行为与企业研发投入:基于中国省际面板数据的实证分析 [J]. 中国工业经济,2012 (10):77-88.

[46] 郭庆旺,苑新丽,夏文丽. 当代西方税收学 [M]. 大连:东北财经大学出版社,1994:54-57.

[47] 郭玥. 政府创新补助的信号传递机制与企业创新 [J]. 中国工业经济,2018 (9):98-116.

[48] 郭志刚. 中国的低生育水平及其影响因素 [J]. 人口研究,2008

（4）：1-12.

[49] 韩国高，陈庭富，刘田广. 数字化转型与企业产能利用率：来自中国制造企业的经验发现 [J]. 财经研究, 2022, 48（9）：154-168.

[50] 郝项超，梁琪. 非高管股权激励与企业创新：公平理论视角 [J]. 金融研究, 2022（3）：171-188.

[51] 何帆, 刘红霞. 数字经济视角下实体企业数字化变革的业绩提升效应评估 [J]. 改革, 2019（4）：137-148.

[52] 何欢浪, 蔡琦晟. 政治关联促进或抑制了中国企业的创新？[J]. 中央财经大学学报, 2019（9）：87-96.

[53] 何瑛. 高管职业经历与企业创新 [J]. 管理世界, 2019, 35（11）：174-192.

[54] 何宗樾, 宋旭光. 数字金融发展如何影响居民消费 [J]. 财贸经济, 2020, 41（8）：65-79.

[55] 洪康隆, 邵帅, 吕长江. 实际控制人行业专长与公司创新 [J]. 南开管理评论, 2024（6）：100-111.

[56] 胡军, 王甄. 微博、特质性信息披露与股价同步性 [J]. 金融研究, 2015（11）：190-206.

[57] 胡元木, 纪端. 董事技术专长、创新效率与企业绩效 [J]. 南开管理评论, 2017, 20（3）：40-52.

[58] 扈文秀, 朱冠平, 李祥发. 金融资产持有与企业违约风险：融资约束的中介效应 [J]. 预测, 2021, 40（3）：39-46.

[59] 黄勃. 数字技术创新与中国企业高质量发展：来自企业数字专利的证据 [J]. 经济研究, 2023, 58（3）：97-115.

[60] 黄灿. "文人下海"会促进企业创新吗？[J]. 财经研究, 2019, 45（5）：111-124.

[61] 黄海杰, 吕长江, 朱晓文. 二代介入与企业创新：来自中国家族上市公司的证据 [J]. 南开管理评论, 2018, 21（1）：6-16.

[62] 黄宏斌，翟淑萍，孙雪娇．自媒体信息披露与融资约束 [J]．当代财经，2020（7）：87-99．

[63] 黄丽华．企业数字化转型和管理：研究框架与展望 [J]．管理科学学报，2021，24（8）：26-35．

[64] 黄锐，赖晓冰，唐松．金融科技如何影响企业融资约束？：动态效应、异质性特征与宏微观机制检验 [J]．国际金融研究，2020，(6)：25-33．

[65] 贾明，张喆．高管的政治关联影响公司慈善行为吗？[J]．管理世界，2010（4）：99-113，187．

[66] 贾男，周颖，杨天池．二孩生育对家庭金融资产配置有何影响：数量效应与政策效应评估 [J]．财经科学，2021（1）：16-28．

[67] 江小涓，靳景．数字技术提升经济效率：服务分工、产业协同和数实孪生 [J]．管理世界，2022，38（12）：9-26．

[68] 江轩宇，贾婧，刘琪．债务结构优化与企业创新：基于企业债券融资视角的研究 [J]．金融研究，2021（4）：131-149．

[69] 姜付秀，陆正飞．多元化与资本成本的关系：来自中国股票市场的证据 [J]．会计研究，2006（6）：48-55，97．

[70] 姜军．债权人保护与企业创新 [J]．金融研究，2017（11）：128-142．

[71] 姜英兵，于雅萍．谁是更直接的创新者？：核心员工股权激励与企业创新 [J]．经济管理，2017，39（3）：109-127．

[72] 蒋瑜峰．会计信息质量与企业技术创新投资关系研究 [J]．财政研究，2014（10）：75-78．

[73] 焦瑾璞．中国普惠金融发展进程及实证研究 [J]．上海金融，2015（4）：12-22．

[74] 解维敏．锦标赛激励促进还是抑制企业创新？[J]．中国软科学，2017（10）：104-113．

[75] 解维敏. 业绩薪酬对企业创新影响的实证研究 [J]. 财贸经济, 2018, 39 (9): 141-156.

[76] 靳庆鲁, 孔祥, 侯青川. 货币政策、民营企业投资效率与公司期权价值 [J]. 经济研究, 2012, 47 (5): 96-106.

[77] 鞠晓生, 卢荻, 虞义华. 融资约束、营运资本管理与企业创新可持续性 [J]. 经济研究, 2013, 48 (1): 4-16.

[78] 雷光勇, 邱保印, 王文忠. 社会信任、审计师选择与企业投资效率 [J]. 审计研究, 2014 (4): 72-80.

[79] 李春涛, 张计宝, 张璇. 年报可读性与企业创新 [J]. 经济管理, 2020, 42 (10): 156-173.

[80] 李江一, 李涵. 消费信贷如何影响家庭消费? [J]. 经济评论, 2017 (2): 113-126.

[81] 李静. 社会保障预期、出生率与人口质量 [J]. 中国软科学, 2015 (2): 85-95.

[82] 李静雅. 已育一孩职业女性的二孩生育意愿研究: 基于生育效用感和再生育成本的实证分析 [J]. 妇女研究论丛, 2017 (3): 27-39.

[83] 李磊, 马欢. 数字政府能否留住外资? [J]. 中山大学学报 (社会科学版), 2020, 60 (4): 183-194.

[84] 李莉, 顾春霞, 于嘉懿. 高管政治晋升对国有企业创新投资的影响研究: 基于监管独立性和市场化进程的双重探讨 [J]. 科学学研究, 2018, 36 (2): 342-351, 360.

[85] 李梅, 余天骄. 研发国际化是否促进了企业创新: 基于中国信息技术企业的经验研究 [J]. 管理世界, 2016 (11): 125-140.

[86] 李琦, 刘力钢, 邵剑兵. 数字化转型、供应链集成与企业绩效: 企业家精神的调节效应 [J]. 经济管理, 2021, 43 (10): 5-23.

[87] 李诗田, 邱伟年. 政治关联、制度环境与企业研发支出 [J]. 科研管理, 2015, 36 (4): 56-64.

[88] 李姝, 赵颖, 童婧. 社会责任报告降低了企业权益资本成本吗?: 来自中国资本市场的经验证据 [J]. 会计研究, 2013 (9): 64-70, 97.

[89] 李万福, 林斌, 宋璐. 内部控制在公司投资中的角色: 效率促进还是抑制? [J]. 管理世界, 2011 (2): 81-99, 188.

[90] 李文贵, 余明桂, 钟慧洁. 央企董事会试点、国有上市公司代理成本与企业绩效 [J]. 管理世界, 2017 (8): 123-135, 153.

[91] 李文贵, 余明桂. 民营化企业的股权结构与企业创新 [J]. 管理世界, 2015 (4): 112-125.

[92] 李小平, 田璞, 余东升. 公共部门人才集聚会影响企业创新绩效吗 [J]. 财贸经济, 2024 (7): 112-129.

[93] 李焰, 秦义虎, 张肖飞. 企业产权、管理者背景特征与投资效率 [J]. 管理世界, 2011 (1): 135-144.

[94] 李祎, 刘启亮, 李洪. IFRS、财务分析师、机构投资者和权益资本成本: 基于信息治理观视角 [J]. 会计研究, 2016 (10): 26-33, 96.

[95] 李云鹤. 公司过度投资源于管理者代理还是过度自信 [J]. 世界经济, 2014, 37 (12): 95-117.

[96] 李正卫, 刘济浔, 潘家栋. 创业生态系统中的政府治理: 新创企业成长视角 [J]. 科研管理, 2019, 40 (12): 42-50.

[97] 连玉君, 苏治. 融资约束、不确定性与上市公司投资效率 [J]. 管理评论, 2009, 21 (1): 19-26.

[98] 林慧婷, 王茂林. 管理者过度自信、创新投入与企业价值 [J]. 经济管理, 2014, 36 (11): 94-102.

[99] 凌文豪. 人口老龄化对养老保障体系的挑战及对策 [J]. 求索, 2009 (10): 81-83.

[100] 刘宝华, 王雷. 业绩型股权激励、行权限制与企业创新 [J]. 南开

管理评论，2018，21（1）：17-27，38.

[101] 刘凤朝，默佳鑫，马荣康. 高管团队海外背景对企业创新绩效的影响研究［J］. 管理评论，2017，29（7）：135-147.

[102] 刘娜，卢玲花. 生育对城镇体制内女性工资收入的影响［J］. 人口与经济，2018（5）：10-19.

[103] 刘启亮，李祎，张建平. 媒体负面报道、诉讼风险与审计契约稳定性：基于外部治理视角的研究［J］. 管理世界，2013（11）：144-154.

[104] 刘胜强. 融资约束、代理成本对企业R&D投资的影响：基于我国上市公司的经验证据［J］. 会计研究，2015（11）：62-68，97.

[105] 刘鑫，李小玉，薛有志. 职能背景、团队冲突与企业创新［J］. 科学学研究，2020，38（2）：357-372.

[106] 刘洋，董久钰，魏江. 数字创新管理：理论框架与未来研究［J］. 管理世界，2020，36（7）：198-217，219.

[107] 刘政. 企业数字化、专用知识与组织授权［J］. 中国工业经济，2020（9）：156-174.

[108] 柳清瑞，刘淑娜. 家庭杠杆率的生育效应及其城乡差异：基于扩展OLG模型的实证检验［J］. 人口研究，2020，44（2）：87-101.

[109] 卢太平，张东旭. 融资需求、融资约束与盈余管理［J］. 会计研究，2014（1）：35-41，94.

[110] 卢文彬. 媒体曝光度、信息披露环境与权益资本成本［J］. 会计研究，2014（12）：66-71，96.

[111] 卢现祥，李磊. 企业创新影响因素及其作用机制：述评与展望［J］. 经济学家，2021（7）：55-62.

[112] 卢馨，郑阳飞，李建明. 融资约束对企业R&D投资的影响研究：来自中国高新技术上市公司的经验证据［J］. 会计研究，2013（5）：51-58，96.

[113] 逯东,王运陈,付鹏. CEO激励提高了内部控制有效性吗?:来自国有上市公司的经验证据 [J]. 会计研究,2014 (6):66-72,97.

[114] 罗党论,唐清泉. 政治关系、社会资本与政策资源获取:来自中国民营上市公司的经验证据 [J]. 世界经济,2009 (7):84-96.

[115] 罗付岩,班旭. 社会信任与现金持有动态调整:作用机制与调整效果:基于寻租理论的解释 [J]. 财经论丛,2021 (2):57-67.

[116] 罗宏,秦际栋. 国有股权参股对家族企业创新投入的影响 [J]. 中国工业经济,2019 (7):174-192.

[117] 马光荣,李力行. 政府规模、地方治理与企业逃税 [J]. 世界经济,2012,35 (6):93-114.

[118] 马鸿佳,王春蕾. 数字化能力总是有益的吗?数字化能力与企业绩效关系的元分析 [J]. 南开管理评论,2024 (4):1-17.

[119] 马亚军,刘丽芹. 信息不对称、管理者内生偏好与上市公司股权融资偏好 [J]. 中国软科学,2004 (3):32-35,39.

[120] 毛新述,叶康涛,张顿. 上市公司权益资本成本的测度与评价:基于我国证券市场的经验检验 [J]. 会计研究,2012 (11):12-22,94.

[121] 孟庆斌,侯粲然,鲁冰. 企业创新与违约风险 [J]. 世界经济,2019,42 (10):169-192.

[122] 孟庆斌,李昕宇,张鹏. 员工持股计划能够促进企业创新吗?:基于企业员工视角的经验证据 [J]. 管理世界,2019,35 (11):209-228.

[123] 孟晓俊,肖作平,曲佳莉. 企业社会责任信息披露与资本成本的互动关系:基于信息不对称视角的一个分析框架 [J]. 会计研究,2010 (9):25-29,96.

[124] 苗文龙,何德旭,周潮. 企业创新行为差异与政府技术创新支出效

应［J］．经济研究，2019，54（1）：85-99.

［125］南永清，孙煜．消费信贷影响了居民消费行为吗［J］．现代经济探讨，2020（7）：10-19.

［126］倪克金，刘修岩．数字化转型与企业成长：理论逻辑与中国实践［J］．经济管理，2021，43（12）：79-97.

［127］倪鹏飞．中国城市竞争力报告 No. 7 城市：中国跨向全球中［M］．北京：社会科学文献出版社，2020.

［128］倪骁然，朱玉杰．劳动保护、劳动密集度与企业创新：来自 2008 年《劳动合同法》实施的证据［J］．管理世界，2016（7）：154-167.

［129］聂兴凯，王稳华，裴璇．企业数字化转型会影响会计信息可比性吗［J］．会计研究，2022（5）：17-39.

［130］聂秀华．数字金融与区域技术创新水平研究［J］．金融研究，2021（3）：132-150.

［131］潘敏，金岩．信息不对称、股权制度安排与上市企业过度投资［J］．金融研究，2003（1）：36-45.

［132］潘敏，刘知琪．居民家庭"加杠杆"能促进消费吗？：来自中国家庭微观调查的经验证据［J］．金融研究，2018（4）：71-87.

［133］潘越，肖金利，戴亦一．文化多样性与企业创新：基于方言视角的研究［J］．金融研究，2017（10）：146-161.

［134］彭花，贺正楚，张雪琳．企业家精神和工匠精神对企业创新绩效的影响［J］．中国软科学，2022（3）：112-123.

［135］彭希哲，戴星翼．生育决定的风险最小化模型与农村计划生育环境的优化［J］．人口与经济，1995（2）：16-21.

［136］彭希哲，戴星翼．试析风险最小化原则在生育决定中的作用［J］．人口研究，1993（6）：2-7.

［137］蒲艳萍，顾冉．劳动力工资扭曲如何影响企业创新［J］．中国工业

经济, 2019 (7): 137-154.

[138] 戚聿东, 肖旭. 数字经济时代的企业管理变革 [J]. 管理世界, 2020, 36 (6): 135-152, 250.

[139] 戚聿东, 张倩琳, 于潇宇. 高管海外经历促进技术创新的机理与路径 [J]. 经济学动态, 2023 (2): 52-70.

[140] 祁怀锦, 曹修琴, 刘艳霞. 数字经济对公司治理的影响: 基于信息不对称和管理者非理性行为视角 [J]. 改革, 2020 (4): 50-64.

[141] 祁怀锦, 李若琳, 刘斯琴. 数字化转型的公司治理效应: 基于管理层在职消费视角 [J]. 改革, 2024 (4): 108-125.

[142] 钱雪松, 丁滋芳, 陈琳琳. 缓解融资约束促进了企业创新吗?: 基于中国《物权法》自然实验的经验证据 [J]. 经济科学, 2021 (1): 96-108.

[143] 乔晓春, 朱宝生. 如何利用(粗)出生率来估计总和生育率? [J]. 人口与发展, 2018, 24 (2): 65-70, 100.

[144] 屈文洲, 蔡志岳. 我国上市公司信息披露违规的动因实证研究 [J]. 中国工业经济, 2007 (4): 96-103.

[145] 屈文洲, 谢雅璐, 叶玉妹. 信息不对称、融资约束与投资-现金流敏感性: 基于市场微观结构理论的实证研究 [J]. 经济研究, 2011, 46 (6): 105-117.

[146] 权小锋, 醋卫华, 尹洪英. 高管从军经历、管理风格与公司创新 [J]. 南开管理评论, 2019, 22 (6): 140-151.

[147] 任栋, 李萍. 人口出生率的影响因素与政策选择: 1994—2014 年 [J]. 改革, 2015 (10): 23-31.

[148] 阮平南, 王塑源. 企业经营风险及预警研究 [J]. 决策借鉴, 1999 (3): 3-7.

[149] 尚航标. 数字化转型差异度对企业绩效的影响研究 [J]. 管理学报, 2024, 21 (2): 193-201.

[150] 申宇，傅立立，赵静梅. 市委书记更替对企业寻租影响的实证研究［J］. 中国工业经济，2015（9）：37-52.

[151] 沈艺峰，肖珉，黄娟娟. 中小投资者法律保护与公司权益资本成本［J］. 经济研究，2005（6）：115-124.

[152] 沈政，杨华磊，张文超. 生育保险能促进家庭生育吗［J］. 财经科学，2019（3）：52-65.

[153] 盛丹，王永进. "企业间关系"是否会缓解企业的融资约束［J］. 世界经济，2014，37（10）：104-122.

[154] 史宇鹏，王阳，张文韬. 我国企业数字化转型：现状、问题与展望［J］. 经济学家，2021（12）：90-97.

[155] 宋德勇，朱文博，丁海. 企业数字化能否促进绿色技术创新？：基于重污染行业上市公司的考察［J］. 财经研究，2022，48（4）：34-48.

[156] 宋建波，文雯. 董事的海外背景能促进企业创新吗？［J］. 中国软科学，2016（11）：109-120.

[157] 宋建波，谢梦园. 战略差异、生命周期与企业创新产出［J］. 经济理论与经济管理，2022，42（12）：60-76.

[158] 粟芳. 互联网金融在中国农村地区的渗透差异及约束［J］. 数量经济技术经济研究，2020，37（10）：3-23.

[159] 孙凡，郑济孝. 基于"互联网+"的上市公司会计信息质量智能评估研究［J］. 会计研究，2018（3）：86-90.

[160] 谭曼庆. CEO强自信与企业双元创新［J］. 管理评论，2023，35（6）：134-145.

[161] 谭松涛，阚铄，崔小勇. 互联网沟通能够改善市场信息效率吗？：基于深交所"互动易"网络平台的研究［J］. 金融研究，2016（3）：174-188.

[162] 田利辉，王可第. 腐败惩治的正外部性和企业创新行为［J］. 南开

管理评论，2020，23（2）：121-131，154.

[163] 田轩，孟清扬. 股权激励计划能促进企业创新吗[J]. 南开管理评论，2018，21（3）：176-190.

[164] 童馨乐，褚保金，杨向阳. 社会资本对农户借贷行为影响的实证研究：基于八省1003个农户的调查数据[J]. 金融研究，2011（12）：177-191.

[165] 万佳彧，周勤，肖义. 数字金融、融资约束与企业创新[J]. 经济评论，2020（1）：71-83.

[166] 万筱雯，杨波. 企业跨国并购的协同创新效应[J]. 财经研究，2023，49（12）：34-47.

[167] 汪炜，蒋高峰. 信息披露、透明度与资本成本[J]. 经济研究，2004（7）：107-114.

[168] 王才. 数字化转型对企业创新绩效的作用机制研究[J]. 当代经济管理，2021，43（3）：34-42.

[169] 王德文. 人口低生育率阶段的劳动力供求变化与中国经济增长[J]. 中国人口科学，2007（1）：44-52，96.

[170] 王德祥，李昕. 政府补贴、政治关联与企业创新投入[J]. 财政研究，2017（8）：79-89.

[171] 王海，郭冠宇，尹俊雅. 数字新基建政策如何影响企业避税行为？[J]. 财经研究，2024，50（3）：64-77.

[172] 王红建. 实体企业金融化促进还是抑制了企业创新：基于中国制造业上市公司的经验研究[J]. 南开管理评论，2017，20（1）：155-166.

[173] 王华. 互联网金融发展的长尾效应与溢出效应分析[J]. 统计与决策，2018，34（19）：172-174.

[174] 王静，郝东洋，张天西. 稳健会计信息、权益资本成本与公司投资效率：基于中国A股市场的经验性证据[J]. 经济与管理研究，

2013（2）：52-61.

[175] 王岭，刘相锋，熊艳. 中央环保督察与空气污染治理：基于地级城市微观面板数据的实证分析［J］. 中国工业经济，2019（10）：5-22.

[176] 王艳，代嵘，王起健，等. 民营股东委派董事与国有企业创新战略［J］. 南开管理评论，2024（9）：127-138.

[177] 王永钦，杨璨. 银企共同持股与中国的企业创新［J］. 财贸经济，2023，44（9）：57-74.

[178] 王珏，祝继高. 劳动保护能促进企业高学历员工的创新吗？：基于A股上市公司的实证研究［J］. 管理世界，2018，34（3）：139-152，166，184.

[179] 王玉泽，罗能生，刘文彬. 什么样的杠杆率有利于企业创新［J］. 中国工业经济，2019（3）：138-155.

[180] 王子阳. 商业模式视角下的天虹数字化转型路径探索［J］. 管理学报，2020，17（12）：1739-1750.

[181] 魏浩，巫俊. 知识产权保护、进口贸易与创新型领军企业创新［J］. 金融研究，2018（9）：91-106.

[182] 韦浪，赵劲松. 非控股国有股权对民营企业创新水平的影响研究［J］. 财政研究，2021（10）：114-129.

[183] 吴超鹏，唐菂. 知识产权保护执法力度、技术创新与企业绩效：来自中国上市公司的证据［J］. 经济研究，2016，51（11）：125-139.

[184] 吴非，王醒男，申么. 新冠肺炎疫情下广东金融业结构调整、转型机遇与政策路径［J］. 金融经济学研究，2020，35（3）：116-129.

[185] 吴非. 企业数字化转型与资本市场表现：来自股票流动性的经验证据［J］. 管理世界，2021，37（7）：130-144，10.

[186] 吴卫红，刘颖，张爱美. 股权激励能促进企业创新吗：基于激励对象和激励模式异质性的视角[J]. 会计研究，2024（4）：98-111.

[187] 吴武清，赵越，苏子豪. 企业信息化建设与审计费用：数字化转型时期的新证据[J]. 审计研究，2022（1）：106-117.

[188] 吴小丹，李俊文. 社交网络、流动性约束与家庭消费：基于中国家庭微观调查数据[J]. 消费经济，2015，31（5）：22-27，9.

[189] 吴晓求. 互联网金融：成长的逻辑[J]. 财贸经济，2015（2）：5-15.

[190] 习近平. 关于《中共中央关于制定国民经济和社会发展第十三个五年规划的建议》的说明[N]. 人民日报，2015-11-04（2）.

[191] 夏后学，谭清美，白俊红. 营商环境、企业寻租与市场创新：来自中国企业营商环境调查的经验证据[J]. 经济研究，2019，54（4）：84-98.

[192] 晓芳，马一先. 连锁股东与企业创新投入：促进还是抑制[J]. 管理评论，2023，35（7）：138-150.

[193] 谢康，夏正豪，肖静华. 大数据成为现实生产要素的企业实现机制：产品创新视角[J]. 中国工业经济，2020（5）：42-60.

[194] 谢庆奎，郑珠荣. 现代化过程中普遍信任的增进与公益NGO的角色：基于中国和韩国的对比[J]. 云南行政学院学报，2011，13（5）：10-14.

[195] 邢斐，王红建. 企业规模、市场竞争与研发补贴的实施绩效[J]. 科研管理，2018，39（7）：43-49.

[196] 熊家财，桂荷发. 政治关联与企业创新：来自PSM的证据[J]. 科研管理，2020，41（7）：11-19.

[197] 熊永莲，谢建国. 贸易开放、女性劳动收入与中国的生育率[J]. 财经科学，2016（4）：113-122.

[198] 徐浩萍，吕长江. 政府角色、所有权性质与权益资本成本[J]. 会

计研究, 2007 (6): 61-67, 96.

[199] 徐明东, 陈学彬. 中国工业企业投资的资本成本敏感性分析 [J]. 经济研究, 2012, 47 (3): 40-52, 101.

[200] 徐升艳, 夏海勇. 人口老龄化机制研究: 基于生育率持续下降视角 [J]. 人口学刊, 2011 (4): 54-60.

[201] 徐巍, 陈冬华. 自媒体披露的信息作用: 来自新浪微博的实证证据 [J]. 金融研究, 2016 (3): 157-173.

[202] 徐翔. 人口老龄化背景下的长期经济增长潜力研究 [J]. 金融研究, 2017 (6): 17-32.

[203] 徐晓东, 张天西. 公司治理、自由现金流与非效率投资 [J]. 财经研究, 2009, 35 (10): 47-58.

[204] 徐延辉, 刘彦. 社会资本与农民工的社会公平感 [J]. 社会科学战线, 2018 (11): 228-237.

[205] 徐玉德, 漆圣桥. 数字化转型、企业金融化与审计意见购买 [J]. 审计研究, 2023 (6): 48-59.

[206] 许婷, 杨建君. 股权激励、高管创新动力与创新能力: 企业文化的调节作用 [J]. 经济管理, 2017, 39 (4): 51-64.

[207] 许志勇. 资产结构错配、激励机制与企业双元创新 [J]. 南开管理评论, 2024, 27 (3): 106-119.

[208] 亚琨, 罗福凯, 李启佳. 经济政策不确定性、金融资产配置与创新投资 [J]. 财贸经济, 2018, 39 (12): 95-110.

[209] 严若森, 周燃. 外地 CEO 与企业创新投入: 文化的影响 [J]. 经济管理, 2021, 43 (2): 139-156.

[210] 杨道广, 陈汉文, 刘启亮. 媒体压力与企业创新 [J]. 经济研究, 2017, 52 (8): 125-139.

[211] 杨德明, 刘泳文. "互联网+" 为什么加出了业绩 [J]. 中国工业经济, 2018 (5): 80-98.

[212] 杨肃昌. 论资本结构与公司治理 [J]. 中国工业经济, 2000 (8): 74-78.

[213] 杨兴全, 李文聪, 尹兴强. 多元化经营对企业创新的"双重"影响研究 [J]. 财经研究, 2019, 45 (8): 58-71.

[214] 杨洋, 魏江, 罗来军. 谁在利用政府补贴进行创新?: 所有制和要素市场扭曲的联合调节效应 [J]. 管理世界, 2015 (1): 75-86, 98, 188.

[215] 姚健, 臧旭恒. 普惠金融、流动性约束与家庭消费 [J]. 财经理论与实践, 2021, 42 (4): 2-9.

[216] 姚立杰, 周颖. 管理层能力、创新水平与创新效率 [J]. 会计研究, 2018 (6): 70-77.

[217] 叶祥松, 刘敬. 异质性研发、政府支持与中国科技创新困境 [J]. 经济研究, 2018, 53 (9): 116-132.

[218] 叶永卫, 李增福. 续贷限制与企业技术创新 [J]. 金融研究, 2020 (11): 151-169.

[219] 叶永卫, 云锋, 曾林. 容错纠错机制何以激励国企创新? [J]. 财经研究, 2022, 48 (5): 95-109.

[220] 易君健, 易行健. 房价上涨与生育率的长期下降: 基于香港的实证研究 [J]. 经济学 (季刊), 2008 (3): 961-982.

[221] 易行健, 周利. 数字普惠金融发展是否显著影响了居民消费: 来自中国家庭的微观证据 [J]. 金融研究, 2018 (11): 47-67.

[222] 尹文耀, 姚引妹, 李芬. 生育水平评估与生育政策调整: 基于中国大陆分省生育水平现状的分析 [J]. 中国社会科学, 2013 (6): 109-128, 206-207.

[223] 尹志超, 严雨. 保险对中国家庭储蓄率的影响 [J]. 经济科学, 2020 (5): 99-110.

[224] 尹志超, 张号栋. 金融可及性、互联网金融和家庭信贷约束: 基于

CHFS 数据的实证研究［J］．金融研究，2018（11）：188-206．

［225］于冠一，陈卫东，王倩．电子政务演化模式与智慧政务结构分析［J］．中国行政管理，2016（2）：22-26．

［226］于雪航，方军雄．"国家队"持股与企业创新投资决策［J］．国际金融研究，2020（8）：87-96．

［227］余芬，樊霞．高管认知、行业管制与企业创新持续性［J］．科研管理，2022，43（12）：173-181．

［228］余明桂，回雅甫，潘红波．政治联系、寻租与地方政府财政补贴有效性［J］．经济研究，2010，45（3）：65-77．

［229］余明桂，潘红波．政治关系、制度环境与民营企业银行贷款［J］．管理世界，2008（8）：9-21，39，187．

［230］余明桂，钟慧洁，范蕊．业绩考核制度可以促进央企创新吗？［J］．经济研究，2016，51（12）：104-117．

［231］虞义华，赵奇锋，鞠晓生．发明家高管与企业创新［J］．中国工业经济，2018（3）：136-154．

［232］袁建国，后青松，程晨．企业政治资源的诅咒效应：基于政治关联与企业技术创新的考察［J］．管理世界，2015（1）：139-155．

［233］张栋浩，王栋，杜在超．金融普惠、收入阶层与中国家庭消费［J］．财经科学，2020（6）：1-15．

［234］张峰．产品创新还是服务转型：经济政策不确定性与制造业创新选择［J］．中国工业经济，2019（7）：101-118．

［235］张杰，王文凯．方言多样化和企业创新：中国的事实及机制［J］．金融研究，2022（3）：135-151．

［236］张杰，郑文平，翟福昕．融资约束影响企业资本劳动比吗？：中国的经验证据［J］．经济学（季刊），2016，15（3）：1029-1056．

［237］张杰，郑文平．创新追赶战略抑制了中国专利质量么？［J］．经济研究，2018，53（5）：28-41．

[238] 张美莎, 徐浩. 营商环境优化对中小企业创新的影响：基于7069项贷款事件的实证检验[J]. 软科学, 2021, 35（3）：83-88, 95.

[239] 张敏. 政治关联与信贷资源配置效率：来自我国民营上市公司的经验证据[J]. 管理世界, 2010（11）：143-153.

[240] 张钦成, 杨明增. 企业数字化转型与内部控制质量：基于"两化融合"贯标试点的准自然实验[J]. 审计研究, 2022（6）：117-128.

[241] 张瑞琛, 杨景涵, 温磊. 数字化转型能促进企业的高质量发展吗：基于内部控制和社会责任的双视角[J]. 会计研究, 2023（10）：129-142.

[242] 张瑞君, 李小荣. 金字塔结构、业绩波动与信用风险[J]. 会计研究, 2012（3）：62-71, 95.

[243] 张晓亮, 杨海龙, 唐小飞. CEO学术经历与企业创新[J]. 科研管理, 2019, 40（2）：154-163.

[244] 张新民, 张婷婷, 陈德球. 产业政策、融资约束与企业投资效率[J]. 会计研究, 2017（4）：12-18, 95.

[245] 张璇. 信贷寻租、融资约束与企业创新[J]. 经济研究, 2017, 52（5）：161-174.

[246] 张学勇, 吴雨玲. 基于网络大数据挖掘的实证资产定价研究进展[J]. 经济学动态, 2018（6）：129-140.

[247] 张勋. 数字金融发展与居民消费增长：理论与中国实践[J]. 管理世界, 2020, 36（11）：48-63.

[248] 张茵, 刘明辉, 彭红星. 社会信任与公司避税[J]. 会计研究, 2017（9）：48-54, 97.

[249] 张永珅, 李小波, 邢铭强. 企业数字化转型与审计定价[J]. 审计研究, 2021（3）：62-71.

[250] 张兆国, 宋丽梦, 张庆. 我国上市公司资本结构影响股权代理成本

的实证分析［J］．会计研究，2005（8）：44-49，96.

［251］张振刚，户安涛，张君秋．国际化节奏对企业创新的影响研究［J］．科学学研究，2021，39（11）：2053-2064.

［252］张峥，孟晓静，刘力．A股上市公司的综合资本成本与投资回报：从内部报酬率的视角观察［J］．经济研究，2004（8）：74-84.

［253］张正勇，胡言言．海归技术高管与企业创新［J］．科研管理，2021，42（2）：171-180.

［254］章永奎，赖少娟，杜兴强．学者型独立董事、产品市场竞争与公司创新投入［J］．经济管理，2019，41（10）：123-142.

［255］赵璨．企业迎合行为与政府补贴绩效研究：基于企业不同盈利状况的分析［J］．中国工业经济，2015（7）：130-145.

［256］赵宸宇，王文春，李雪松．数字化转型如何影响企业全要素生产率［J］．财贸经济，2021，42（7）：114-129.

［257］赵晶，孟维烜．官员视察对企业创新的影响：基于组织合法性的实证分析［J］．中国工业经济，2016（9）：109-126.

［258］赵世芳．股权激励能抑制高管的急功近利倾向吗：基于企业创新的视角［J］．南开管理评论，2020，23（6）：76-87.

［259］赵云辉．大数据发展、制度环境与政府治理效率［J］．管理世界，2019，35（11）：119-132.

［260］甄红线，王玺，方红星．知识产权行政保护与企业数字化转型［J］．经济研究，2023，58（11）：62-79.

［261］郑真真，李玉柱，廖少宏．低生育水平下的生育成本收益研究：来自江苏省的调查［J］．中国人口科学，2009（2）：93-102，112.

［262］钟华明．企业金融化对创新投资的影响［J］．经济学家，2021（2）：92-101.

［263］钟昀珈，张晨宇，陈德球．国企民营化与企业创新效率：促进还是抑制？［J］．财经研究，2016，42（7）：4-15.

[264] 仲为国. 中国企业创新动向指数: 创新的环境、战略与未来: 2017·中国企业家成长与发展专题调查报告 [J]. 管理世界, 2017 (6): 37-50.

[265] 周冬华, 赵玉洁. 微博信息披露有利于降低股价同步性吗? [J]. 当代财经, 2016 (8): 109-120.

[266] 周开国, 李涛, 张燕. 董事会秘书与信息披露质量 [J]. 金融研究, 2011 (7): 167-181.

[267] 周开国, 卢允之, 杨海生. 融资约束、创新能力与企业协同创新 [J]. 经济研究, 2017, 52 (7): 94-108.

[268] 周青, 王燕灵, 杨伟. 数字化水平对创新绩效影响的实证研究: 基于浙江省73个县 (区、市) 的面板数据 [J]. 科研管理, 2020, 41 (7): 120-129.

[269] 周文辉, 王鹏程, 杨苗. 数字化赋能促进大规模定制技术创新 [J]. 科学学研究, 2018, 36 (8): 1516-1523.

[270] 周泽将, 高雅萍, 张世国. 营商环境影响企业信贷成本吗 [J]. 财贸经济, 2020, 41 (12): 117-131.

[271] 朱冰, 张晓亮, 郑晓佳. 多个大股东与企业创新 [J]. 管理世界, 2018, 34 (7): 151-165.

[272] 朱磊, 陈曦, 王春燕. 国有企业混合所有制改革对企业创新的影响 [J]. 经济管理, 2019, 41 (11): 72-91.

[273] 朱琳. 经营杠杆影响企业创新吗 [J]. 南开管理评论, 2021, 24 (6): 163-175.

[274] 朱宇翔, 权小锋. 员工关爱与公司创新: 基于企业文化的考察视角 [J]. 会计研究, 2023 (11): 163-175.

[275] 庄芹芹, 林瑞星, 罗伟杰. 宽容失败与企业创新: 来自国有企业改革的证据 [J]. 经济管理, 2022, 44 (4): 23-44.

[276] 庄亚儿. 当前我国城乡居民的生育意愿: 基于2013年全国生育意

愿调查［J］. 人口研究, 2014, 38（3）: 3-13.

［277］祝振铎, 李新春, 赵勇. 父子共治与创新决策: 中国家族企业代际传承中的父爱主义与深谋远虑效应［J］. 管理世界, 2021, 37（9）: 191-207, 232.

［278］ACEMOGLU D, AKCIGIT U, APL H, et al. Innovation, reallocation, and growth［J］. American economic review, 2018, 108（11）: 3450-3491.

［279］ACHARYA V V, BAGHAI R P, SUBRAMANIAN K V. Wrongful discharge laws and innovation［J］. The review of financial studies, 2014, 27（1）: 301-346.

［280］ADAMS J S. Inequity in social exchange［M］//BERKOWITZ L. Advances in experimental social psychology. New York: Academic press, 1965: 267-299.

［281］ADNER R, PURANAM P, ZHU F. What is different about digital strategy? from quantitative to qualitative change［J］. Strategy science, 2019, 4（4）: 253-261.

［282］AFUAH A, TUCCI C L. Crowdsourcing as a solution to distant search［J］. Academy of management review, 2012, 37（3）: 355-375.

［283］AGHION P, BLOOM N, BLUNDELL R, et al. Competition and innovation: an inverted-U relationship［J］. The quarterly journal of economics, 2005, 120（2）: 701-728.

［284］AGRAWAL A, CHADHA S. Corporate governance and accounting scandals［J］. The journal of law and economics, 2005, 48（2）: 371-406.

［285］ALMAAZMI J, ALSHURIDEH M, AL KURDI B, et al. The effect of digital transformation on product innovation: a critical review［C］//International conference on advanced intelligent systems and informatics. Cham: Springer International Publishing, 2020: 731-741.

[286] ALMAZAN A, HARTZELL J C, STARKS L T. Active institutional shareholders and costs of monitoring: evidence from executive compensation [J]. Financial management, 2005, 34 (4): 5-34.

[287] ANG J S, CHENG Y, WU C. Does enforcement of intellectual property rights matter in China? evidence from financing and investment choices in the high-tech industry [J]. Review of economics and statistics, 2014, 96 (2): 332-348.

[288] ATANASSOV J, JULIO B, LENG T. The bright side of political uncertainty: the case of R&D [J]. The review of financial studies, 2024, 37 (10): 2937-2970.

[289] ATKINSON R D, FOOTE C. Is China catching up to the United States in innovation [R]. Washington, D. C.: Information Technology and Innovation Foundation, 2019.

[290] AUTIO E, NAMBISAN S, THOMAS L D W, et al. Digital affordances, spatial affordances, and the genesis of entrepreneurial ecosystems [J]. Strategic entrepreneurship journal, 2018, 12 (1): 72-95.

[291] BAKHSHI R, SADEH J, MOSADDEGH H R. Optimal economic designing of grid-connected photovoltaic systems with multiple inverters using linear and nonlinear module models based on Genetic Algorithm [J]. Renewable energy, 2014, 72: 386-394.

[292] BARKER Ⅲ V L, MUELLER G C. CEO characteristics and firm R&D spending [J]. Management science, 2002, 48 (6): 782-801.

[293] BARRO R J. Government spending in a simple model of endogenous growth [J]. Journal of political economy, 1990, 98 (5, Part 2): S103-S125.

[294] BEASLEY M S. An empirical analysis of the relation between the board of director composition and financial statement fraud [J]. Accounting review, 1996: 443-465.

[295] BELOT M, BOONE J, VAN OURS J. Welfare-improving employment protection [J]. Economica, 2007, 74 (295): 381-396.

[296] BENITEZ J, ARENAS A, CASTILLO A, et al. Impact of digital leadership capability on innovation performance: the role of platform digitization capability [J]. Information & management, 2022, 59 (2): 103590.

[297] BESLEY T, BURGESS R. Can labor regulation hinder economic performance? evidence from India [J]. The quarterly journal of economics, 2004, 119 (1): 91-134.

[298] BHARADWAJ A, EL SAWY O A, PAVLOU P A, et al. Digital business strategy: toward a next generation of insights [J]. MIS quarterly, 2013: 471-482.

[299] BHATTACHARYA U, HSU P H, TIAN X, et al. What affects innovation more: policy or policy uncertainty? [J]. Journal of financial and quantitative analysis, 2017, 52 (5): 1869-1901.

[300] BIGGERSTAFF L, BLANK B, GOLDIE B. Do incentives work? option-based compensation and corporate innovation [J]. Journal of corporate finance, 2019, 58: 415-430.

[301] BLANKESPOOR E, MILLER G S, WHITE H D. The role of dissemination in market liquidity: evidence from firms' use of Twitter™ [J]. The accounting review, 2014, 89 (1): 79-112.

[302] BLOOM D E, WILLIAMSON J G. Demographic transitions and economic miracles in emerging Asia [J]. The World Bank economic review, 1998, 12 (3): 419-455.

[303] BLOOM N. Uncertainty and the dynamics of R&D [J]. American economic review, 2007, 97 (2): 250-255.

[304] BLOOM N, GARICANO L, SADUN R, et al. The distinct effects of

information technology and communication technology on firm organization [J]. Management science, 2014, 60 (12): 2859-2885.

[305] BOTOSAN C A. Disclosure level and the cost of equity capital [J]. Accounting review, 1997: 323-349.

[306] BOWER D H, BOWER R S, LOGUE D E. Arbitrage pricing theory and utility stock returns [J]. The journal of finance, 1984, 39 (4): 1041-1054.

[307] BROGAARD J, LI D, XIA Y. Stock liquidity and default risk [J]. Journal of financial economics, 2017, 124 (3): 486-502.

[308] BROWN J R, FAZZARI S M, PETERSEN B C. Financing innovation and growth: cash flow, external equity, and the 1990s R&D boom [J]. The journal of finance, 2009, 64 (1): 151-185.

[309] BROWN J L, KRULL L K. Stock options, R&D, and the R&D tax credit [J]. The accounting review, 2008, 83 (3): 705-734.

[310] BROWNING M. Children and household economic behavior [J]. Journal of economic literature, 1992, 30 (3): 1434-1475.

[311] BRYNJOLFSSON E, HITT L M, KIM H H. Strength in numbers: how does data-driven decisionmaking affect firm performance? [EB/OL]. (2015-06-18) [2025-03-10]. http://papers.ssrn.com/sol3/Papers.cfm?abstract_id=1819486.

[312] BRYNJOLFSSON E, MCELHERAN K. The rapid adoption of data-driven decision-making [J]. American economic review, 2016, 106 (5): 133-139.

[313] BURNS N, KEDIA S. The impact of performance-based compensation on misreporting [J]. Journal of financial economics, 2006, 79 (1): 35-67.

[314] BUSHEE B J, CORE J E, GUAY W, et al. The role of the business

press as an information intermediary [J]. Journal of accounting research, 2010, 48(1): 1-19.

[315] CAI H, FANG H, XU L C. Eat, drink, firms, government: an investigation of corruption from the entertainment and travel costs of Chinese firms [J]. The journal of law and economics, 2011, 54(1): 55-78.

[316] CAPPA F, ORIANI R, PERUFFO E, et al. Big data for creating and capturing value in the digitalized environment: unpacking the effects of volume, variety, and veracity on firm performance [J]. Journal of product innovation management, 2021, 38(1): 49-67.

[317] CHANG X, FU K, LOW A, et al. Non-executive employee stock options and corporate innovation [J]. Journal of financial economics, 2015, 115(1): 168-188.

[318] CHEN C, MARTIN X, ROYCHOWDHURY S, et al. Clarity begins at home: internal information asymmetry and external communication quality [J]. The accounting review, 2018, 93(1): 71-101.

[319] CHEN C, CHEN Y, HSU P H, et al. Be nice to your innovators: employee treatment and corporate innovation performance [J]. Journal of corporate finance, 2016, 39: 78-98.

[320] CHEN J, CUMMING D, HOU W, et al. Does the external monitoring effect of financial analysts deter corporate fraud in China? [J]. Journal of business ethics, 2016, 134: 727-742.

[321] CHEN J, LEUNG W S, EVANS K P. Female board representation, corporate innovation and firm performance [J]. Journal of empirical finance, 2018, 48: 236-254.

[322] CHEN S S, HO K Y, HO P H. CEO overconfidence and long-term performance following R&D increases [J]. Financial management, 2014, 43(2): 245-269.

[323] CORNAGGIA J, MAO Y, TIAN X, et al. Does banking competition affect innovation? [J]. Journal of financial economics, 2015, 115 (1): 189-209.

[324] CORNETT M M, ERHEMJAMTS O, TEHRANIAN H. Competitive environment and innovation intensity [J]. Global finance journal, 2019, 41: 44-59.

[325] CORREIA M M. Political connections and SEC enforcement [J]. Journal of accounting and economics, 2014, 57 (2-3): 241-262.

[326] CUMMING D, LEUNG T Y, RUI O. Gender diversity and securities fraud [J]. Academy of management journal, 2015, 58 (5): 1572-1593.

[327] CURZI D, RAIMONDI V, OLPER A. Quality upgrading, competition and trade policy: evidence from the agri-food sector [J]. European review of agricultural economics, 2015, 42 (2): 239-267.

[328] CZARNITZKI D, HOTTENROTT H, THORWARTH S. Industrial research versus development investment: the implications of financial constraints [J]. Cambridge journal of economics, 2011, 35 (3): 527-544.

[329] DECHOW P M, SLOAN R G, SWEENEY A P. Causes and consequences of earnings manipulation: an analysis of firms subject to enforcement actions by the SEC [J]. Contemporary accounting research, 1996, 13 (1): 1-36.

[330] DYCK A, VOLCHKOVA N, ZINGALES L. The corporate governance role of the media: evidence from Russia [J]. The journal of finance, 2008, 63 (3): 1093-1135.

[331] DYCK A, MORSE A, ZINGALES L. Who blows the whistle on corporate fraud? [J]. The journal of finance, 2010, 65 (6): 2213-2253.

[332] D'MELLO R, MIRANDA M. Long-term debt and overinvestment agency problem [J]. Journal of banking & finance, 2010, 34 (2): 324-335.

2021, 56 (1): 123-154.

[352] GRIFFIN P A, HONG H A, RYOU J W. Corporate innovative efficiency: evidence of effects on credit ratings [J]. Journal of corporate finance, 2018, 51: 352-373.

[353] GU L. Product market competition, R&D investment, and stock returns [J]. Journal of financial economics, 2016, 119 (2): 441-455.

[354] GUELLEC D, VAN POTTELSBERGHE DE LA POTTERIE B. The impact of public R&D expenditure on business R&D [J]. Economics of innovation and new technology, 2003, 12 (3): 225-243.

[355] GULEN H, ION M. Policy uncertainty and corporate investment [J]. The review of financial studies, 2016, 29 (3): 523-564.

[356] HADLOCK C J, PIERCE J R. New evidence on measuring financial constraints: moving beyond the KZ index [J]. The review of financial studies, 2010, 23 (5): 1909-1940.

[357] HALL B, VAN REENEN J. How effective are fiscal incentives for R&D? a review of the evidence [J]. Research policy, 2000, 29 (4-5): 449-469.

[358] HALL B. The financing of innovation, the handbook of technology and innovation management [D]. Berkeley: University of California, 2005.

[359] HE J, REN X, TIAN X. Do short sellers affect corporate innovation? evidence from a policy experiment [J]. The review of corporate finance studies, 2025, 14 (1): 125-165.

[360] HE J J, TIAN X. The dark side of analyst coverage: the case of innovation [J]. Journal of financial economics, 2013, 109 (3): 856-878.

[361] HENRIETTE E, FEKI M, BOUGHZALA I. Digital transformation challenges [EB/OL]. (2024-09-25) [2025-03-10]. https://aisel.aisnet.org/

mcis2016/33.

[362] HOLEMANS B, SLEUWAEGEN L. Innovation expenditures and the role of government in Belgium [J]. Research policy, 1988, 17 (6): 375-379.

[363] HONG H, KUBIK J D. Analyzing the analysts: career concerns and biased earnings forecasts [J]. The journal of finance, 2003, 58 (1): 313-351.

[364] HOU D, MENG Q, ZHANG K, et al. Motives for corporate philanthropy propensity: does short selling matter? [J]. International review of economics & finance, 2019, 63: 24-36.

[365] HOVAKIMIAN A, LI G. In search of conclusive evidence: how to test for adjustment to target capital structure [J]. Journal of corporate finance, 2011, 17 (1): 33-44.

[366] HSU P H. Technological innovations and aggregate risk premiums [J]. Journal of financial economics, 2009, 94 (2): 264-279.

[367] HSU P H, TIAN X, XU Y. Financial development and innovation: cross-country evidence [J]. Journal of financial economics, 2014, 112 (1): 116-135.

[368] HUNTER G K, PERREAULT JR W D. Making sales technology effective [J]. Journal of marketing, 2007, 71 (1): 16-34.

[369] JAFFE A B. Technological opportunity and spillovers of R&D: evidence from firms' patents, profits and market value [J]. American economic review, 1986, 76 (5): 984-1001.

[370] JIA S, YANG L, ZHOU F. Geopolitical risk and corporate innovation: evidence from China [J]. Journal of multinational financial management, 2022, 66: 100772.

[371] JIANG W, WU J, YANG X. Does digitization drive corporate social

responsibility? [J]. International review of economics & finance, 2023, 88: 14-26.

[372] JOHN K, LITOV L, YEUNG B. Corporate governance and risk-taking [J]. The journal of finance, 2008, 63 (4): 1679-1728.

[373] JOHNSON S A, RYAN JR H E, TIAN Y S. Managerial incentives and corporate fraud: the sources of incentives matter [J]. Review of finance, 2009, 13 (1): 115-145.

[374] KANE G C, PALMER D, PHILLIPSA N, et al. Is your business ready for a digital future? [J]. MIT Sloan management review, 2015, 56 (4): 37.

[375] KAPLAN S N, ZINGALES L. Do investment-cash flow sensitivities provide useful measures of financing constraints? [J]. The quarterly journal of economics, 1997, 112 (1): 169-215.

[376] KARPOFF J M, LOU X. Short sellers and financial misconduct [J]. The journal of finance, 2010, 65 (5): 1879-1913.

[377] KHAN M A, QIN X, JEBRAN K, et al. Uncertainty and R&D investment: does product market competition matter? [J]. Research in international business and finance, 2020, 52: 101167.

[378] KHANNA V, KIM E H, LU Y. CEO connectedness and corporate fraud [J]. The journal of finance, 2015, 70 (3): 1203-1252.

[379] KIM O, VERRECCHIA R E. The relation among disclosure, returns, and trading volume information [J]. The accounting review, 2001, 76 (4): 633-654.

[380] KIM H D, PARK K, ROY SONG K. Do long-term institutional investors foster corporate innovation? [J]. Accounting & finance, 2019, 59 (2): 1163-1195.

[381] KIM J M, YANG I, YANG T, et al. The impact of R&D intensity,

financial constraints, and dividend payout policy on firm value [J]. Finance research letters, 2021, 40: 101802.

[382] KLASSEN K J, PITTMAN J A, REED M P, et al. A cross-national comparison of R&D expenditure decisions: tax incentives and financial constraints [J]. Contemporary accounting research, 2004, 21 (3): 639-680.

[383] KOHTAMÄKI M, PARIDA V, PATEL P C, et al. The relationship between digitalization and servitization: the role of servitization in capturing the financial potential of digitalization [J]. Technological forecasting and social change, 2020, 151: 119804.

[384] KONG D, WANG Y, ZHANG J. Efficiency wages as gift exchange: evidence from corporate innovation in China [J]. Journal of corporate finance, 2020, 65: 101725.

[385] KUH E, MEYER J R. Correlation and regression estimates when the data are ratios [J]. Econometric, journal of the econometric society, 1955: 400-416.

[386] LANG M, LUNDHOLM R. The relation between security returns, firm earnings, and industry earnings [J]. Contemporary accounting research, 1996, 13 (2): 607-629.

[387] LEAHY D, NEARY J P. Public policy towards R&D in oligopolistic industries [J]. The american economic review, 1997: 642-662.

[388] LI D. Financial constraints, R&D investment, and stock returns [J]. The review of financial studies, 2011, 24 (9): 2974-3007.

[389] LI S. Corporate financial fraud: an application of detection controlled estimation [J]. Available at SSRN 1698038, 2013.

[390] LIN D. Accelerability vs. scalability: R&D investment under financial constraints and competition [J]. Management science, 2023, 69 (7):

4078-4107.

[391] LOEBBECKE C, PICOT A. Reflections on societal and business model transformation arising from digitization and big data analytics: a research agenda [J]. The journal of strategic information systems, 2015, 24 (3): 149-157.

[392] LOKUGE S, SEDERA D, GROVER V, et al. Organizational readiness for digital innovation: development and empirical calibration of a construct [J]. Information & management, 2019, 56 (3): 445-461.

[393] LUO J, PENG C, ZHANG X. The impact of CFO gender on corporate fraud: evidence from China [J]. Pacific-basin finance journal, 2020, 63: 101404.

[394] LUONG H, MOSHIRIAN F, NGUYEN L, et al. How do foreign institutional investors enhance firm innovation? [J]. Journal of financial and quantitative analysis, 2017, 52 (4): 1449-1490.

[395] MAMUNEAS T P, NADIRI M I. Public R&D policies and cost behavior of the US manufacturing industries [J]. Journal of public economics, 1996, 63 (1): 57-81.

[396] MASKUS K E, PENUBARTI M. How trade-related are intellectual property rights? [J]. Journal of international economics, 1995, 39 (3-4): 227-248.

[397] MENEZES-FILHO N, VAN REENEN J. Unions and innovation: a survey of the theory and empirical evidence [J]. International handbook of trade unions, 2003: 293-334.

[398] MIKALEF P, PATELI A. Information technology-enabled dynamic capabilities and their indirect effect on competitive performance: findings from PLS-SEM and fsQCA [J]. Journal of business research, 2017, 70: 1-16.

[399] MILLER G S. The press as a watchdog for accounting fraud [J]. Journal of accounting research, 2006, 44 (5): 1001-1033.

[400] LI M, JIA S. Resource orchestration for innovation: the dual role of information technology [J]. Technology analysis & strategic management, 2018, 30 (10): 1136-1147.

[401] MYERS S C, MAJLUF N S. Corporate financing and investment decisions when firms have information that investors do not have [J]. Journal of financial economics, 1984, 13 (2): 187-221.

[402] NAMBISAN S, WRIGHT M, FELDMAN M. The digital transformation of innovation and entrepreneurship: progress, challenges and key themes [J]. Research policy, 2019, 48 (8): 103773.

[403] NIU Y, WEN W, WANG S, et al. Breaking barriers to innovation: the power of digital transformation [J]. Finance research letters, 2023, 51: 103457.

[404] NWANKPA J K, DATTA P. Balancing exploration and exploitation of IT resources: the influence of digital business intensity on perceived organizational performance [J]. European journal of information systems, 2017, 26 (5): 469-488.

[405] NYLÉN D, HOLMSTRÖM J. Digital innovation strategy: a framework for diagnosing and improving digital product and service innovation [J]. Business horizons, 2015, 58 (1): 57-67.

[406] OHLSON J A, JUETTNER-NAUROTH B E. Expected EPS and EPS growth as determinants of value [J]. Review of accounting studies, 2005, 10: 349-365.

[407] OZKAN N. Effects of financial constraints on research and development investment: an empirical investigation [J]. Applied financial economics, 2002, 12 (11): 827-834.

[408] PANOUSI V, PAPANIKOLAU D. Investment, idiosyncratic risk, and ownership [J]. The journal of finance, 2012, 67 (3): 1113-1148.

[409] PARK K E. Financial reporting quality and corporate innovation [J]. Journal of business finance & accounting, 2018, 45 (7-8): 871-894.

[410] PARVIAINEN P, TIHINEN M, KÄÄRIÄINEN J, et al. Tackling the digitalization challenge: how to benefit from digitalization in practice [J]. International journal of information systems and project management, 2017, 5 (1): 63-77.

[411] PENG L, RÖELL A. Executive pay and shareholder litigation [J]. Review of finance, 2008, 12 (1): 141-184.

[412] PHILIP A. Economic backwardness and economic growth [M]. Hoboken: John Wiley & Sons, 1958.

[413] QIAN Y, XU C. Innovation and bureaucracy under soft and hard budget constraints [J]. The review of economic studies, 1998, 65 (1): 151-164.

[414] RICCI F, SCAFARTO V, FERRI S, et al. Value relevance of digitalization: the moderating role of corporate sustainability: an empirical study of Italian listed companies [J]. Journal of cleaner production, 2020, 276: 123282.

[415] RICHARDSON S. Over-investment of free cash flow [J]. Review of accounting studies, 2006, 11: 159-189.

[416] RINDFLEISCH A, O'HERN M, SACHDEV V. The digital revolution, 3D printing, and innovation as data [J]. Journal of product innovation management, 2017, 34 (5): 681-690.

[417] SASAKI T. Financial cash flows and research and development investment [J]. Pacific-basin finance journal, 2016, 39: 1-15.

[418] SASIDHARAN S, LUKOSE P J J, KOMERA S. Financing constraints and investments in R&D: evidence from Indian manufacturing firms [J]. The quarterly review of economics and finance, 2015, 55: 28-39.

[419] SHAPIRO C, STIGLITZ J E. Equilibrium unemployment as a worker discipline device [J]. The American economic review, 1984, 74 (3): 433-444.

[420] SHARPE W F. Capital asset prices: a theory of market equilibrium under conditions of risk [J]. The journal of finance, 1964, 19 (3): 425-442.

[421] SIRMON D G, HITT M A, IRELAND R D. Managing firm resources in dynamic environments to create value: looking inside the black box [J]. Academy of management review, 2007, 32 (1): 273-292.

[422] ASHBAUGH H, COLLINS D W, LAFOND R. Corporate governance and the cost of equity capital [J]. Emory, University of Iowa, 2004, 26 (2006): 329-340.

[423] SMITH P J. Are weak patent rights a barrier to US exports? [J]. Journal of international economics, 1999, 48 (1): 151-177.

[424] SUIJS J. On the value relevance of asymmetric financial reporting policies [J]. Journal of accounting research, 2008, 46 (5): 1297-1321.

[425] SUNDER J, SUNDER S V, ZHANG J. Pilot CEOs and corporate innovation [J]. Journal of financial economics, 2017, 123 (1): 209-224.

[426] TANG Y, LI J, YANG H. What I see, what I do: how executive hubris affects firm innovation [J]. Journal of management, 2015, 41 (6): 1698-1723.

[427] TIAN X, WANG T Y. Tolerance for failure and corporate innovation [J]. The review of financial studies, 2014, 27 (1): 211-255.

[428] TRUEMAN B. A theory of noise trading in securities markets [J]. The

journal of finance, 1988, 43 (1): 83-95.

[429] Universities—National Bureau Committee for Economic Research. Demographic and economic change in developed countries [R]. New York: National Bureau of Economic Research, 1960.

[430] VAN BUSKIRK A. Disclosure frequency and information asymmetry [J]. Review of quantitative finance and accounting, 2012, 38: 411-440.

[431] VERHOEF P C, BROEKHUIZEN T, BART Y, et al. Digital transformation: a multidisciplinary reflection and research agenda [J]. Journal of business research, 2021, 122: 889-901.

[432] WAN W, ZHOU F, LIU L, et al. Ownership structure and R&D: the role of regional governance environment [J]. International review of economics & finance, 2021, 72: 45-58.

[433] WANG T Y. Corporate securities fraud: insights from a new empirical framework [J]. The journal of law, economics, & organization, 2013, 29 (3): 535-568.

[434] WANG T Y, WINTON A, YU X. Corporate fraud and business conditions: evidence from IPOs [J]. The journal of finance, 2010, 65 (6): 2255-2292.

[435] WEN H, ZHONG Q, LEE C C. Digitalization, competition strategy and corporate innovation: evidence from Chinese manufacturing listed companies [J]. International review of financial analysis, 2022, 82: 102166.

[436] WESTHEAD P, STOREY D J. Financial constraints on the growth of high technology small firms in the United Kingdom [J]. Applied financial economics, 1997, 7 (2): 197-201.

[437] WU L, HITT L, LOU B. Data analytics, innovation, and firm productivity

[J]. Management science, 2020, 66 (5): 2017-2039.

[438] XU G, LI G, SUN P, et al. Inefficient investment and digital transformation: what is the role of financing constraints? [J]. Finance research letters, 2023, 51: 103429.

[439] YU F, YU X. Corporate lobbying and fraud detection [J]. Journal of financial and quantitative analysis, 2011, 46 (6): 1865-1891.

[440] YUAN R, WEN W. Managerial foreign experience and corporate innovation [J]. Journal of corporate finance, 2018, 48: 752-770.

[441] ZHOU B, LI Y, SUN F, et al. Executive compensation incentives, risk level and corporate innovation [J]. Emerging markets review, 2021, 47: 100798.